MENTOR ABITUR-HILFE

Band 645

Mathematik
Oberstufe

Analysis 1

Funktionen, Grenzwerte, Stetigkeit

Mit Musteraufgaben und ausführlichem Lösungsteil

Mit Lerntipps!

Helmuth Preckur

Mentor Verlag München

Über den Autor:

Helmuth Preckur, Studiendirektor, Fachbetreuer für Mathematik an der Berufsoberschule für Technik

Lerntipps: Alexander Geist, staatlicher Schulpsychologe an einem Gymnasium

Redaktion: Dr. Hans-Peter Waschi

Illustrationen: Pieter Kunstreich, Hamburg

Layout: Barbara Slowik, München

Titelgestaltung: Iris Steiner, München

Umwelthinweis: Gedruckt auf chlorfrei gebleichtem Papier.

Auflage:	5.	4.	3.	2.	1.	letzte Zahlen
Jahr:	2001	2000	1999	98	97	maßgeblich

Druck: Landesverlag Druckservice, Linz
Printed in Germany • ISBN 3-580-63645-6

Inhalt

Benutzerhinweise

Diese Piktogramme und Symbole begleiten Sie durch den ganzen Band. Sie stehen für:

Beginn eines Beispiels

Ende eines Beispiels

Zusätzlich finden Sie bei größeren Beispielen dieses Piktogramm:

Definition

Satz, Lehrsatz bzw. Gesetz

Merksatz

Eine Übersicht über **Bezeichnungen** und **logische Zeichen** finden Sie auf S. 180.

Übrigens: Die Rechtschreibung dieses Bandes entspricht den Regelungen der Reform.

Vorwort

Liebe Schülerin, lieber Schüler,

die Abiturhilfe Analysis 1 wurde für den Einsatz in der Oberstufe aller weiterführenden Schulen geschrieben. Bei der Auswahl der Lerninhalte wurden die Lehrpläne aller Bundesländer für den Grundkurs Mathematik berücksichtigt. Sie werden daher wahrscheinlich Inhalte finden (z. B. Stetigkeit), die in Ihrem Unterricht weniger betont werden, vielleicht sogar etwas vermissen (z. B. Verfahren zur näherungsweisen Lösung von Gleichungen), was gerade in Ihrem Unterricht behandelt wird. Der Stoff wurde jedoch so zusammengestellt, dass Sie eine gute Grundlage für Ihren Mathematikunterricht erhalten.

Der Band ist für alle Schülerinnen und Schüler gedacht, die noch einmal von Anfang an in die Mathematik der Oberstufe einsteigen wollen. Die Darstellung des Stoffes geht daher bewusst davon aus, dass nur lückenhafte Grundkenntnisse vorhanden sind.

Sie werden aber schon bei der Beschäftigung mit den Grundlagen merken, dass der Grundkurs kein ausgedünnter Leistungskurs ist und dass die einfachen und leichter zu verstehenden Dinge in der Mathematik leider nicht am Anfang stehen.

Versuchen Sie auf jeden Fall mit Einsicht zu lernen, denn die Methode „Mach's also – und kumpt recht" (Überschrift des Bamberger Rechenbuches von 1482) führt nur dazu, dass nach Lösungsformeln Beispiele gerechnet werden und das Verständnis für den mathematischen Inhalt auf der Strecke bleibt. Dies ist natürlich keine Aufforderung, die gestellten Aufgaben links liegen zu lassen! Erst die ausreichende Übung bringt die notwendige Sicherheit im Rechnen. Versuchen Sie auch, die Aufgaben zunächst selbstständig zu lösen und erst nach einer gewissen Zeit in den Lösungsteil zu blicken.

Ich danke den Schülern des Abiturjahrganges, die das Manuskript zu diesem Band mitgelesen haben und an vielen Stellen einfachere Formulierungen und Merkregeln vorgeschlagen haben.

Verlag und Autor wünschen Ihnen und sich, dass Sie erfolgreich mit diesem Band arbeiten und in den Prüfungen Ihr Ziel erreichen.

Helmuth Preckur

Zahlenmengen

1.

Das Wort „Zahl“ wird auf die indogermanische Wurzel „del“ zurückgeführt. Dort bedeutet „del“ etwas Eingekerbtes, einen Einschnitt bzw. eine Delle. Aus der ursprünglichen Bedeutung von „del“ als eingekerbtes Merkzeichen entwickelte sich dann das Wort „Zahl“. Noch im Mittelalter pflegte man Merkstriche auf Holz einzukerben und verwendete dann diese „Kerbhölzer“ zum Abzählen und Abrechnen.

Die Menge $\mathbb{N}$ der natürlichen Zahlen — 1.1

Für den Aufbau der Analysis bilden die Zahlen 1, 2, 3, 4, … das Fundament. Da wir diese Zahlen nicht auf die Mengenlehre zurückführen wollen, schließen wir uns gerne dem Ausspruch des Mathematikers Leopold KRONECKER (1823–1891) an, der meinte: „Die natürlichen Zahlen hat der liebe Gott gemacht, alles andere ist Menschenwerk.“

> Die Menge der natürlichen Zahlen ist durch $\mathbb{N} = \{1, 2, 3, \ldots\}$ gegeben. Die Zahl 0 ist keine natürliche Zahl. Falls die 0 dazugenommen werden soll, dann schreiben wir $\mathbb{N}_0 = \{0, 1, 2, 3, \ldots\}$.

Rechengesetze für natürliche Zahlen — 1.1.1

Werden zwei beliebige natürliche Zahlen a und b addiert bzw. multipliziert, dann sind die Summe $a + b$ bzw. das Produkt $a \cdot b$ (kurz ab) wieder eindeutig bestimmte natürliche Zahlen. Da die Addition und Multiplikation von natürlichen Zahlen nicht aus der Menge $\mathbb{N}$ herausführen, sagt man, dass die Menge $\mathbb{N}$ bezüglich der Addition und Multiplikation **abgeschlossen** ist.

Die Subtraktion und die Division sind in der Menge $\mathbb{N}_0$ stark eingeschränkt. Die Division durch 0 ist nicht erklärt und wird stets ausgeschlossen.

Für alle Zahlen a, b und c aus $\mathbb{N}_0$ gelten die folgenden Rechengesetze:

	Addition	Multiplikation
Kommutativgesetz Vertauschung der Summanden bzw. Faktoren	$a + b = b + a$	$ab = ba$
Assoziativgesetz Weglassen der Klammer	$a + (b + c) = (a + b) + c$	$a\,(bc) = (ab)\,c$
Existenz des neutralen Elements	Für alle a aus $\mathbb{N}_0$ gilt: $a + 0 = a$	Für alle a aus $\mathbb{N}_0$ gilt: $a \cdot 1 = a$
Distributivgesetz Verteilungsregel	$a\,(b \pm c) = ab \pm ac$	

Bemerkung:

Diese Gesetze sind nicht etwa aus der Luft gegriffen; sie können für die Addition durch Geldbeträge und für die Multiplikation und das Distributivgesetz durch Berechnung von Rechtecksflächen und Volumen eines Quaders veranschaulicht werden. In $\mathbb{N}$ gilt immer das Kommutativgesetz $ab = ba$. Stellen sich z.B. 32 Personen in 4 Reihen zu je 8 Personen hintereinander auf, dann sehen Sie von vorne $8 \cdot 4$ und von der Seite $4 \cdot 8$ Personen.

1.1.2 Anordnung in $\mathbb{N}$

Durch die Reihenfolge 1, 2, 3, 4, … ist bereits eine **Anordnung** in $\mathbb{N}$ festgelegt, d.h., zwischen zwei natürlichen Zahlen a und b kann nur genau einer der drei Fälle eintreten:

Entweder gilt $a < b$ (a kleiner als b) oder $a = b$ (a gleich b) oder $a > b$ (a größer als b). Diese vollständige Unterscheidbarkeit von drei Fällen wird als **Trichotomie** (griech.: „Dreiteilung“) bezeichnet.

Eigenschaften der Gleichheit in $\mathbb{N}$

1. Die Gleichheit ist *reflexiv*, d. h., jede Zahl a ist sich selbst gleich: $a = a$
2. Die Gleichheit ist *symmetrisch*, d. h., die Seiten einer Gleichung können vertauscht werden.
   Aus $a = b$ folgt $b = a$
3. Die Gleichheit ist *transitiv*, d. h., gleiche Zahlen können füreinander eingesetzt werden.
   Aus $a = b$ und $b = c$ folgt $a = c$
4. Die Gleichheit ist *monoton*, d. h., es gelten bezüglich der Addition und Multiplikation die Gesetze:
   Aus $a = b$ folgt $a + c = b + c$
   Aus $a = b$ folgt $ac = bc$

Weitere Eigenschaften der Anordnung in $\mathbb{N}$

1. Die „Kleinerrelation" < (kleiner als) ist *transitiv*, d.h.:
   Aus $a < b$ und $b < c$ folgt $a < c$
2. Für die Kleinerrelation gelten bezüglich der Addition und Multiplikation die *Monotoniegesetze*:
   Aus $a < b$ folgt $a + c < b + c$
   Aus $a < b$ folgt $ac < bc$ (Beachten Sie: Nur für $c > 0$)

Bruchzahlen *1.2*

Die Gleichung $2x = 3$ ist in der Menge der natürlichen Zahlen nicht lösbar. Um Gleichungen der Form $ax = b$, in der a und b natürliche Zahlen sind, lösen zu können, führt man die Menge der positiven Brüche (Quotienten) ein.

> Für natürliche Zahlen m und n ist durch das Symbol $\frac{m}{n}$ ein Bruch mit dem Zähler m und dem Nenner n festgelegt.

Die Menge der positiven Brüche heißt auch Menge der positiven **rationalen** Zahlen und wird mit $\mathbb{Q}^+$ bezeichnet.

Die Menge $\mathbb{Q}^+$ enthält die Menge $\mathbb{N}$ der natürlichen Zahlen als echte Teilmenge, da sich die natürlichen Zahlen als Brüche mit dem Nenner 1 schreiben lassen.

1.2.1 Rechenregeln für Brüche

Wir erklären zunächst, wann zwei Brüche als gleich bezeichnet werden.

Gleichheit zweier Brüche

Zwei Brüche sind gleich (wertgleich), wenn sich ihre Zähler und Nenner um denselben Faktor unterscheiden:

$$\frac{a}{b} = \frac{am}{bm}$$

Die Festlegung der Gleichheit von zwei Brüchen beinhaltet schon die Regeln für das Erweitern und Kürzen von Brüchen.

Erweitern und Kürzen eines Bruches sind nur Formänderungen **ohne** Wertänderungen.

Erweitern: $\frac{a}{b} = \frac{am}{bm}$ *Kürzen:* $\frac{an}{bn} = \frac{a}{b}$

Rechenregeln

Addition und Subtraktion zweier Brüche

$$\frac{a}{b} \pm \frac{c}{d} = \frac{ad}{bd} \pm \frac{cb}{db} = \frac{ad \pm cb}{bd}$$ (Erst „gleichnamige" Brüche herstellen!)

Multiplikation zweier Brüche

$$\frac{a}{b} \cdot \frac{c}{d} = \frac{ac}{bd}$$ Sonderfall: $\frac{a}{b} \cdot c = \frac{a}{b} \cdot \frac{c}{1} = \frac{ac}{b}$

Division zweier Brüche

$$\frac{a}{b} : \frac{c}{d} = \frac{a}{b} \cdot \frac{d}{c} = \frac{ad}{bc}$$ Sonderfall: $\frac{a}{b} : c = \frac{a}{b} : \frac{c}{1} = \frac{a}{b} \cdot \frac{1}{c} = \frac{a}{bc}$

Nach der Einführung der positiven Brüche hat die Gleichung $ax = b$ mit a, b aus $\mathbb{N}$ die **eindeutige** Lösung $x = \frac{b}{a}$.

Beweis:

Wir nehmen an, dass außer der Gleichung $ax = b$ auch die Gleichung $ax_1 = b$ gilt und z.B. $x < x_1$ sei.

Die Anwendung des Monotoniegesetzes der Multiplikation liefert dann sofort einen Widerspruch:

$x < x_1$ Multiplikation mit $a > 0$ liefert: $ax < ax_1$ und damit erhält man $b < b$

Dieser Widerspruch kann nur durch $x = x_1$ aufgelöst werden!

Die positiven reellen Zahlen 1.3

Die Bezeichnungen „Bruchzahl" und „positive rationale Zahl" sind gleichwertig. Eine Zahl heißt **irrational**, wenn sie nicht als Bruch darstellbar ist. Dass es irrationale Zahlen gibt, werden wir in Kapitel 1.3.1 nachweisen.

Die Vereinigungsmenge aus den positiven rationalen Zahlen (Bruchzahlen) und den positiven irrationalen Zahlen ergibt die Menge $\mathbb{R}^+$ der positiven **reellen** Zahlen.

Nehmen wir noch die Zahl 0 hinzu, dann sprechen wir von der Menge $\mathbb{R}_0^+$ der nichtnegativen reellen Zahlen.

Beispiele für irrationale Zahlen 1.3.1

a) Irrationale Quadratwurzeln

Berechnet man in einem Quadrat mit der Seitenlänge 1 die Länge d der Diagonalen, so gilt: $d = \sqrt{2}$.

Um zu zeigen, dass $\sqrt{2}$ nicht als Bruch darstellbar ist, nehmen wir an, dass $\sqrt{2}$ doch als Bruch darstellbar ist und leiten daraus einen Widerspruch her.

Annahme: $\sqrt{2} = \frac{p}{q}$ mit p, q aus $\mathbb{N}$

Für den Bruch $\frac{p}{q}$ setzen wir zusätzlich voraus, dass er in seiner Grundform vorliegt, d.h., dass die Zahlen p und q keinen gemeinsamen Teiler haben. Mit anderen Worten: Der Bruch $\frac{p}{q}$ ist vollständig gekürzt.

Aus $1^2 < 2 < 2^2$ folgt $1 < \sqrt{2} < 2$. Das heißt aber, dass $\sqrt{2}$ keine natürliche Zahl ist. Damit kann der Fall $q = 1$ in der Darstellung $\sqrt{2} = \frac{p}{q}$ nicht eintreten.

Aus $\sqrt{2} = \frac{p}{q}$ erhalten wir durch Quadrieren die Gleichung $2 = \frac{pp}{qq}$, in welcher nach obiger Überlegung $q \neq 1$ sein muss.

Die Gleichung $2 = \frac{pp}{qq}$ stellt einen Widerspruch dar, da die Zahlen p und q nach Voraussetzung keinen gemeinsamen Teiler haben. Mit anderen Worten: Der Bruch $\frac{pp}{qq}$ kann nicht den Wert 2 haben, da wir nicht kürzen können.

Die Annahme, dass $\sqrt{2}$ als Bruch darstellbar ist, führt zu einem Widerspruch und ist daher falsch. Damit ist aber gezeigt, dass $\sqrt{2}$ eine irrationale Zahl ist.

Ebenso beweist man den Satz:

Die Quadratwurzel aus einer natürlichen Zahl n, welche selbst kein Quadrat einer natürlichen Zahl ist ($n \neq m^2$), ist eine irrationale Zahl.

Nach dem Satz sind also die Zahlen $\sqrt{2}$, $\sqrt{3}$, $\sqrt{5}$, $\sqrt{6}$, … irrationale Zahlen.

Allein mit $\sqrt{2}$ können beliebig viele weitere irrationale Zahlen gebildet werden:

Ist a eine Bruchzahl, dann ist $a + \sqrt{2}$ irrational.

Beweis:

Nehmen wir an, dass $a + \sqrt{2} = b$ gilt, worin b ebenfalls eine Bruchzahl ist, dann müsste $\sqrt{2} = b - a > 0$ gelten. Die positive Differenz $b - a$ aus zwei Bruchzahlen ist aber eine Bruchzahl und damit eine rationale Zahl. Dies hätte aber wegen des Gleichheitszeichens zur Folge, dass $\sqrt{2}$ ebenfalls rational sein müsste. Da wir aber bewiesen haben, dass $\sqrt{2}$ irrational ist, muss unsere Annahme, dass die Summe aus einer rationalen und einer irrationalen Zahl eine rationale Zahl ergibt ($a + \sqrt{2} = b$), falsch gewesen sein!

Ebenso beweist man, dass $a \cdot \sqrt{2}$ mit rationalem a eine irrationale Zahl ergibt.

b) **Irrationale Dezimalbrüche**

Die unendlichen nichtperiodischen Dezimalbrüche, z. B. 3,1010010001 …, sind irrationale Zahlen.

Begründung:

Entwickelt man den Bruch $\frac{p}{q}$ in einen Dezimalbruch, dann bricht diese Entwicklung entweder ab oder sie liefert einen unendlichen periodischen Dezimalbruch. Bricht die Entwicklung nicht ab, so muss sich eine bestimmte Zifferngruppe (Periode) ständig wiederholen. Der Grund liegt einfach darin, dass bei der Division von $\frac{p}{q}$ höchstens $q - 1$ verschiedene Reste auftreten können und daher ein früherer Rest wieder einmal auftreten muss.

Beispiel: Bei der Division 13 : 7 können nur die 7 – 1 = 6 verschiedenen Reste 1, 2, 3, 4, 5 und 6 auftreten.

Sind nun bei der Division die Ziffern des Dividenden schon verbraucht, dann muss aber beim Auftreten eines früheren Restes auch in der Dezimalbruchentwicklung wieder dieselbe Ziffer kommen, d. h., es bildet sich ein unendlicher periodischer Dezimalbruch.

Umgekehrt (vergleiche geometrische Reihe) kann man jeden unendlichen periodischen Dezimalbruch wieder in einen gewöhnlichen Bruch verwandeln.

$12{,}0\overline{38}$ soll in einen Bruch umgewandelt werden.

Dividieren Sie mit dem Taschenrechner die Zahl 38 (Periode) durch 99 (gleiche Anzahl der Ziffer 9 wie die Periode 38 Stellen hat), so erhalten Sie 0,38383838383838 … = $0{,}\overline{38}$. Nun rücken Sie die Periode 38 um eine Stelle nach rechts ($0{,}0\overline{38}$), indem Sie den Ausdruck $0{,}0\overline{38} = \frac{1}{10} \cdot \frac{38}{99}$ bilden.

Damit erhalten Sie:

$$12{,}0\overline{38} = 12 + 0{,}0\overline{38} = 12 + \frac{1}{10} \cdot \frac{38}{99} = 12 + \frac{19}{5 \cdot 99} = \frac{5940 + 19}{495} = \frac{5959}{495}$$

Bei diesem Verfahren müssen wir die Periode 9 ausschließen; z. B. wird 2,399999 … durch 2,4 ersetzt.

Rechnen mit unendlichen Dezimalbrüchen 1.3.2

Brechen wir einen unendlichen Dezimalbruch an irgendeiner Stelle ab, so nennen wir den übrig bleibenden Bruch einen **Näherungsbruch** des Dezimalbruches.

Wir setzen nun fest:

Die Grundrechenarten mit unendlichen Dezimalbrüchen werden ausgeführt, indem man mit den Näherungsbrüchen rechnet. Diese Festsetzung ist sinnvoll, da sich die Ergebnisse umso weniger voneinander unterscheiden, je mehr Stellen verwendet werden.

Alle bisher bekannten Rechengesetze und die Gesetze der Anordnung bleiben dabei erhalten.

1.4 Abbildung auf den Zahlenstrahl

Wir wählen auf einer gerichteten Geraden eine beliebige Strecke $\overline{OE}$ als Maßeinheit, wobei der Vektor $\overrightarrow{OE}$ in Richtung des Pfeils der Geraden weist.

Dem Punkt O ordnen wir die Zahl 0 und dem Punkt E die Zahl 1 zu. Die in O beginnende und nach rechts gerichtete Halbgerade heißt **Zahlenstrahl**, vgl. Figur 1:

Figur 1

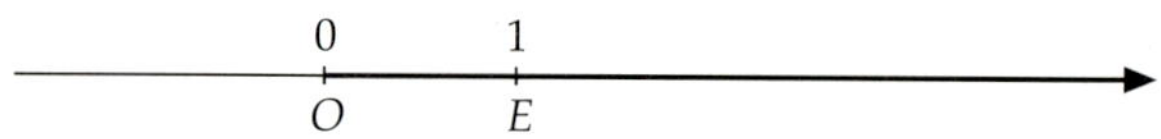

1.4.1 Bildpunkte positiver rationaler Zahlen

Jeder positiven rationalen Zahl $\frac{p}{q}$ mit p und q aus $\mathbb{N}$ wird eindeutig ein Punkt des Zahlenstrahls zugeordnet, wenn wir die Strecke $\overline{OE}$ zunächst p-mal in der positiven Richtung abtragen, die erhaltene Strecke in q gleiche Teile teilen und dann von O ausgehend dem ersten dieser Teilpunkte die Zahl $\frac{p}{q}$ zuordnen.

Die Bildpunkte der positiven rationalen Zahlen (Brüche) liegen auf dem Zahlenstrahl **dicht**, d.h., zwischen zwei beliebigen positiven Brüchen a und b mit $a < b$ liegen die Bilder von beliebig vielen Bruchzahlen r_n, welche die Doppelungleichung $a < r_n < b$ mit n aus $\mathbb{N}$ erfüllen.

Mit n aus $\mathbb{N}$ und $a < b$ gilt:

$$a = \frac{a\,(n+1)}{n+1} = \frac{an+a}{n+1} < \frac{an+b}{n+1} < \frac{bn+b}{n+1} = \frac{b\,(n+1)}{n+1} = b$$

Setzen wir $r_n = \frac{an+b}{n+1}$, so ist die Behauptung bewiesen.

Bildpunkte positiver irrationaler Zahlen 1.4.2

Um z.B. den Punkt X des Zahlenstrahls, welcher der irrationalen Zahl $x = 2{,}975548\ldots$ zugeordnet ist, festzulegen, bilden wir **rationale** untere und obere **Näherungsbrüche**, indem wir für die unteren Näherungsbrüche in jedem Näherungsschritt eine weitere Nachkommastelle hinzunehmen und für die oberen Näherungsbrüche jeweils die letzte Ziffer um 1 erhöhen:

Untere Näherungsbrüche		*Obere Näherungsbrüche*	
P_1	2	Q_1	3
P_2	2,9	Q_2	3,0
P_3	2,97	Q_3	2,98
P_4	2,975	Q_4	2,976
P_5	2,9755	Q_5	2,9756
P_6	2,97554	Q_6	2,97555
P_7	2,975548	Q_7	2,975549

Betrachten wir nun die Näherungsbrüche als Koordinaten der angegebenen Punkte, so erhalten wir eine Folge von Punkten $P_1, P_2, P_3, \ldots,$ wobei P_{n+1} niemals links von P_n liegt. In der Folge der Punkte $Q_1, Q_2, Q_3, \ldots$ liegt der Punkt Q_{n+1} niemals rechts von Q_n.

Wir erhalten auf diese Weise eine Folge von Intervallen $[P_n; Q_n]$, die ineinander geschachtelt sind und deren Längen schließlich beliebig klein werden. Diese **Intervallschachtelung** bestimmt nun genau einen Punkt des Zahlenstrahls, nämlich das Bild X unserer irrationalen Zahl $x = 2{,}975548\ldots$

Die Menge ℝ der reellen Zahlen 1.5

Wir erweitern nun den Zahlenstrahl zur Zahlengeraden, indem wir die Bild punkte aller positiven reellen Zahlen am Nullpunkt spiegeln und so die Bilder der **negativen** reellen Zahlen erhalten.

Um zu zeigen, dass nun jedem Punkt der Zahlengeraden genau eine reelle Zahl entspricht, tragen wir die Strecke $\overline{OE}$ unbegrenzt von O ausgehend nach rechts und links ab. Wir erhalten so beliebig viele jeweils um die Maßeinheit voneinander entfernte Punkte.

Ist nun P ein beliebiger Punkt der Zahlengeraden, so fällt P entweder mit einem Punkt, der einer ganzen Zahl entspricht, zusammen oder er liegt zwischen zwei von ihnen. Im letzten Fall teilen wir die Strecke zwischen den ganzen aufeinander folgenden Zahlen in zehn gleiche Teile. Dann fällt P entweder auf einen solchen Teilpunkt oder er liegt zwischen zwei solchen Teilpunkten. Die Fortsetzung dieses Verfahrens liefert schließlich einen endlichen oder unendlichen Dezimalbruch, der unserem Punkt P eindeutig zugeordnet ist.

1.5.1 Die Vollständigkeit der reellen Zahlen

In der Menge $\mathbb{R}$ der reellen Zahlen sind die natürlichen Zahlen $\mathbb{N} = \{1, 2, 3, \ldots\}$, die ganzen Zahlen $\mathbb{Z} = \{\ldots -3, -2, -1, 0, 1, 2, 3, ..\}$ und die rationalen Zahlen $\mathbb{Q} = \left\{\frac{m}{n} \middle| m \text{ aus } \mathbb{Z},\ n \text{ aus } \mathbb{N}\right\}$ jeweils als echte Teilmengen enthalten.

Die Erweiterung der Menge $\mathbb{Q}$ der rationalen Zahlen zur Menge $\mathbb{R}$ der reellen Zahlen wurde so vorgenommen, dass die bekannten Rechengesetze und Anordnungsgesetzte erhalten blieben.

Der Unterschied zwischen $\mathbb{R}$ und $\mathbb{Q}$ liegt in der **Vollständigkeit** der reellen Zahlen, die Folgendes zum Ausdruck bringt:

Die rationalen Zahlen haben zwar ihre Bilder auf der Zahlengeraden, sie erfüllen die Zahlengerade **dicht**, aber es bleiben noch viele Lücken. Es gibt Punkte auf der Zahlengeraden, z. B. für $\sqrt{2}$, die nicht Bilder von rationalen Zahlen sind.

Die Beziehung zwischen den Punkten der Zahlengeraden und den reellen Zahlen dagegen ist **umkehrbar eindeutig**, d. h., jedem Punkt der Geraden entspricht genau eine reelle Zahl und umgekehrt entspricht jeder reellen Zahl genau ein Punkt der Geraden. Statt „umkehrbar eindeutig“ sagt man auch „eineindeutig“ und schreibt: 1-1-deutig. Die Punkte der Zahlengeraden entsprechen also **vollständig** den Elementen der Menge $\mathbb{R}$, nicht aber den Elementen der Menge $\mathbb{Q}$. Es ist wegen der Vollständigkeit der reellen Zahlen daher auch nicht möglich, durch irgendeine Intervallschachtelung eine Zahl zu finden, die nicht schon zu $\mathbb{R}$ gehört.

1.5.2 Rechenregeln für reelle Zahlen

Gegenzahl und Betrag einer Zahl

Die negativen Zahlen erhielten wir durch eine Spiegelung der positiven Zahlen am Nullpunkt der Zahlengeraden. Diese Spiegelung am Nullpunkt kann auch als eine Halbdrehung (Drehung um den Nullpunkt mit 180°) aufgefasst werden. Aus dieser Spiegelung bzw. Halbdrehung folgt aber, dass es zu jeder von 0 verschiedenen Zahl a genau eine **Gegenzahl** $(-a)$ so gibt, dass die Zahlen a und $(-a)$ auf verschiedenen Seiten des Nullpunkts liegen und von diesem denselben Abstand haben. So ist z. B. – 3 die Gegenzahl zu 3 und 5 die Gegenzahl zu – 5. Der nichtnegative Abstand einer Zahl a vom Nullpunkt heißt **absoluter Betrag**, kurz **Betrag** der Zahl a und wird angegeben, indem man die Zahl a zwischen zwei senkrechte Striche schreibt.

Unter $|a|$ versteht man den **Betrag der Zahl** a, d. h. den Abstand des Punktes der Zahl a vom Nullpunkt der Zahlengeraden.

$|0| = 0$, $|-7| = 7$, $|12| = 12$, $|-a| = |a|$

Das Wort **absolut** (losgelöst) stammt ab von absolvere, lat.: loslösen, erlösen.

Nennt man z.B. – 7, – 2, + 3, + 8 Zahlen mit Vorzeichen, dann sind 7, 2, 3, 8 die zugehörigen absoluten Zahlen, da sie von ihrem Vorzeichen „erlöst“ bzw. befreit sind.

Bemerkung:

Der Betrag einer Zahl sollte nicht ohne die geometrisch anschauliche Erklärung durch den Abstand der Zahl vom Nullpunkt definiert werden.

Betrachten wir einmal die drei möglichen Fälle den Betrag zu bilden:

1. Fall: Für $a = 0$ ist $|a| = |0| = 0$
2. Fall: Für $a > 0$ ist $|a| = a$ Beispiel: $|5| = 5$
3. Fall: Für $a < 0$ ist $|a| = -a$ Beispiel: $|-7| = -(-7) = 7$

Gerade der dritte Fall löst immer Kopfschütteln aus, da die meisten Schüler aus Gewohnheit – a als negative Zahl ansehen. Die Zahl – a ist aber positiv, wenn a selbst negativ ist.

Merken Sie sich die einfache Feststellung:

Die Lage des Punktes auf der Zahlengeraden für eine reelle Zahl a kann erst dann angegeben werden, wenn man weiß, ob die Zahl a positiv, negativ oder ob a gleich null ist.

Bezeichnen wir die Zahl a mit x, dann stellt die in Formelsammlungen übliche Definition des Betrages einfach die Zusammenfassung der obigen drei Fälle dar:

$$|x| = \begin{cases} x & \text{für } x > 0 \\ 0 & \text{für } x = 0 \\ -x & \text{für } x < 0 \end{cases} \quad \text{bzw.} \quad |x| = \begin{cases} x & \text{für } x \geqq 0 \\ -x & \text{für } x < 0 \end{cases}$$

Die Vorzeichenregeln in $\mathbb{R}$

Die Ausführung der Grundrechenarten mit beliebigen reellen Zahlen erfolgt nach bestimmten Regeln, die als Vorzeichenregeln bekannt sind. Auch wenn im Unterricht diese Regeln geometrisch (Pfeile, Drehen von Zeigern, Flächeninhalte, Volumina) oder an Beispielen aus dem täglichen Leben (Guthaben, Schulden) meist anschaulich gedeutet werden, so bleiben sie doch Definitionen, die unbeweisbar sind.

Addition und Subtraktion in $\mathbb{R}$

Zahlen mit *gleichen Vorzeichen* werden addiert, indem man ihre Beträge addiert und der Summe das gemeinsame Vorzeichen gibt.

$8 + 6 = (+8) + (+6) = +(8 + 6) = +14 = 14$

$(-12) + (-5) = -(12 + 5) = -17$

Zahlen mit *ungleichen Vorzeichen* werden addiert, indem man den kleineren Betrag vom größeren subtrahiert (also die positive Differenz der Beträge bildet) und der Differenz das Vorzeichen der absolut größeren Zahl gibt.

$8 + (-6) = (+8) + (-6) = +(8 - 6) = +2 = 2$

$-8 + 5 = (-8) + (+5) = -(8 - 5) = -3$

$3 + (-20) = (+3) + (-20) = -(20 - 3) = -17$

$-5 + 13 = (-5) + (+13) = +(13 - 5) = +8 = 8$

Wir begründen zunächst an einem einfachen Beispiel, dass die Subtraktion die zur Addition entgegengesetzte Rechenart ist:

Aus $14 + 6 = 20$ folgt die Gleichung $14 = 20 - 6$

Wegen $20 + (-6) = +(20 - 6) = +14$ gilt dann auch: $20 - 6 = 20 + (-6)$

Für die Subtraktion setzen wir daher fest:

Eine Zahl wird subtrahiert, indem man ihre Gegenzahl addiert.

$14 - 6 = (+14) + (-6) = +(14 - 6) = +8 = 8$

$-14 - 6 = (-14) + (-6) = -(14 + 6) = -20$

$14 - (-6) = (+14) + (+6) = +(14 + 6) = +20 = 20$

$-14 - (-6) = (-14) + (+6) = -(14 - 6) = -8$

Multiplikation in $\mathbb{R}$

Bei der Multiplikation in $\mathbb{R}$ sind vier Fälle zu betrachten:

Zum Beispiel: $(+3)(+4)$; $(-3)(+4)$; $(+3)(-4)$ und $(-3)(-4)$

Bis auf $(-3)(-4)$ bereiten die übrigen Fälle keine Schwierigkeiten, wenn wir die Multiplikation als Addition gleicher Summanden auffassen und für $(+3)(-4)$ das Kommutativgesetz (Vertauschungsregel) fordern.

$$(+3)(+4) = +3+3+3+3 = +(3 \cdot 4)$$

Beachten Sie, dass bei einem Produkt der zweite Faktor (Multiplikator) angibt, wie oft der 1. Faktor (Multiplikand) in der Summendarstellung anzuschreiben ist:

$$(-3)(+4) = (-3)+(-3)+(-3)+(-3) = -12 = -(3 \cdot 4)$$
$$(+3)(-4) = (-4)(+3) = (-4)+(-4)+(-4) = -12 = -(3 \cdot 4)$$

Für den Fall $(-3)(-4)$ hat man eine Festlegung getroffen, und zwar so, dass die bisherigen Rechengesetze auch weiterhin ihre Gültigkeit behalten.

Festsetzung: $(-3)(-4) = +(3 \cdot 4)$

So würde z. B. die Festsetzung $(-3)(-4) = -(3 \cdot 4)$ zusammen mit den obigen beiden Rechnungen, die ebenfalls zu $-(3 \cdot 4)$ führen, nicht vereinbar sein.

Zwei Zahlen mit *gleichen Vorzeichen* ergeben ein positives Produkt.
$(+a)(+b) = +ab$; $(-a)(-b) = +ab$

Zwei Zahlen mit *ungleichen Vorzeichen* ergeben ein negatives Produkt.
$(+a)(-b) = -ab$; $(-a)(+b) = -ab$

Bemerkung:
Es ist vorteilhaft, immer zuerst das Vorzeichen für das Ergebnis einer Multiplikation zu bestimmen!

Ist eine gerade Anzahl von negativen Faktoren vorhanden, dann ist das Ergebnis positiv, bei einer ungeraden Anzahl von negativen Faktoren ist es negativ.

$$(-2) \cdot 3 \cdot (-4)(-5)(-6) = +720$$
$$(-2) \cdot 3 \cdot (-4)(-5) = -120$$

Folgerungen aus den Vorzeichenregeln 1.5.3

Regeln für das Auflösen von Klammern

Minusklammer lösen:

Für beliebige Zahlen aus $\mathbb{R}$ gilt

$$a - (-b + c - d) = a + b - c + d$$

Eine Minusklammer wird gelöst, indem man das Minuszeichen samt Klammer weglässt und den Term in der Klammer **mit Vorzeichenwechsel der Glieder** anschließt.

Plusklammer lösen:

Für beliebige Zahlen aus $\mathbb{R}$ gilt: $a + (-b + c - d) = a - b + c - d$

Eine Plusklammer wird gelöst, indem man das Pluszeichen samt Klammer weglässt und den Term in der Klammer **ohne Vorzeichenwechsel der Glieder** anschließt.

Das Inversionsgesetz

Wird eine Ungleichung mit einer **negativen** Zahl oder einem negativen Term multipliziert, dann wird aus dem Monotoniegesetz der Multiplikation jetzt das **Inversionsgesetz.**

Aus $a < b$ und $c < 0$ folgt $ac > bc$

Für zwei Zahlen, z. B. 5 < 10, ist einfach einzusehen, dass nach der Spiegelung am Nullpunkt dann – 5 > – 10 bzw. – 10 < – 5 gelten muss, da der Punkt für die Zahl – 10 weiter links liegt als der Punkt, welcher der Zahl – 5 zugeordnet ist.

Wir wollen das Inversionsgesetz aber allgemein beweisen:

Ist $c < 0$, dann ist $-c = c_1 > 0$

$a < b$	I Mit $c_1 > 0$ multiplizieren
$ac_1 < bc_1$	I $c_1 = -c$ setzen
$a(-c) < b(-c)$	
$-ac < -bc$	I bc auf beiden Seiten addieren
$bc - ac < 0$	I ac auf beiden Seiten addieren
$bc < ac$	I Von rechts nach links lesen
$ac > bc$	

Die Missachtung des Inversionsgesetzes stellt beim Rechnen mit Ungleichungen die häufigste Fehlerquelle dar! Vermeiden Sie Fehler, indem Sie bei der Multiplikation einer Ungleichung mit einer negativen Zahl (oder Term) in der folgenden Zeile **zuerst das Anordnungszeichen umdrehen** und dann rechnen.

Der Körper der reellen Zahlen 1.6

Da die Erweiterung der Zahlenbereiche stets unter Beibehaltung der grundlegenden Gesetze für die Addition und Multiplikation erfolgte, gelten in $\mathbb{R}$ die folgenden Rechengesetze:

	Addition	Multiplikation
Kommutativgesetz	$a + b = b + a$	$ab = ba$
Assoziativgesetz	$a + (b + c) = (a + b) + c$	$a\,(bc) = (ab)\,c$
Existenz und Eindeutigkeit des neutralen Elements	Es gibt genau eine reelle Zahl 0, für die $a + 0 = a$ gilt.	Es gibt genau eine reelle Zahl 1, für die $a \cdot 1 = a$ gilt.
Existenz und Eindeutigkeit des inversen Elements	Zu jeder Zahl a gibt es genau eine Zahl $-a$, sodass gilt: $a + (-a) = 0$	Zu jeder Zahl $a \neq 0$ gibt es genau eine Zahl $\frac{1}{a}$, sodass gilt: $a \cdot \frac{1}{a} = 1$
Distributivgesetz	$a\,(b \pm c) = ab \pm ac$	

Die in der obigen Tabelle ersichtlichen Übereinstimmungen bei der Addition und Multiplikation reeller Zahlen können mithilfe des Begriffs der kommutativen Gruppe einheitlich formuliert werden.

Kommutative Gruppen 1.6.1

Definition:

Eine nichtleere Menge M heißt **kommutative Gruppe**, wenn zwischen den Elementen von M eine Verknüpfung $*$ erklärt ist, die jedem Paar (a, b) von Elementen aus M eindeutig ein Element $a * b$ aus M zuordnet und wenn folgende Gesetze erfüllt sind:

G1 Kommutativgesetz $a * b = b * a$

G2 Assoziativgesetz $(a * b) * c = a * (b * c)$

G3 In M gibt es ein neutrales Element n, sodass $a * n = a$ für jedes a aus M gilt.

G4 Zu jedem a aus M gibt es ein inverses Element a' aus M, sodass $a * a' = n$ gilt.

Bemerkung:

Kommutative Gruppen heißen auch ABEL'sche Gruppen, nach Niels Hendrik ABEL, norwegischer Mathematiker, 1802–1829.

Die in Kapitel 1.6.1 formulierten Rechengesetze für reelle Zahlen lassen sich nun einfacher darstellen.

1. Die Menge $\mathbb{R}$ stellt mit der Addition als Verknüpfung eine kommutative Gruppe dar. Das neutrale Element der Addition ist die Zahl 0.
2. Die Menge $\mathbb{R} \setminus \{0\}$ stellt mit der Multiplikation als Verknüpfung ebenfalls eine kommutative Gruppe dar. Das neutrale Element der Multiplikation ist die Zahl 1.
3. Für beliebige reelle Zahlen a, b und c gilt das Distributivgesetz: $a\,(b + c) = ab + ac$.
4. In der Menge $\mathbb{R}$ gelten die Axiome der Anordnung.

1.6.2 Körpereigenschaften der reellen Zahlen

Wegen der zuletzt angeführten vier Eigenschaften spricht man auch von einem **angeordneten kommutativen Körper** der reellen Zahlen.

Auch die Menge $\mathbb{Q}$ der rationalen Zahlen (Brüche) bildet bereits einen angeordneten kommutativen Körper. Die Menge $\mathbb{R}$ unterscheidet sich aber von der Menge $\mathbb{Q}$ durch die **Vollständigkeit** (vergleiche Kapitel 1.5.1).

1.7 Teilmengen von $\mathbb{R}$

Weitere wichtige Zahlenmengen (Teilmengen von $\mathbb{R}$) sind die **Intervalle**. Man unterscheidet (vergleiche Figur 2):

1. *Endliche Intervalle*
   Sind a und b zwei reelle Zahlen mit $a < b$, so legen wir fest:

   $[a, b] = \{x \mid a \leqq x \leqq b\}$ $\quad$ $[a, b[\, = \{x \mid a \leqq x < b\}$
   $]a, b] = \{x \mid a < x \leqq b\}$ $\quad$ $]a, b[\, = \{x \mid a < x < b\}$

2. *Halbunendliche Intervalle*
   Ist a eine reelle Zahl, so legen wir fest:

   $[a, \infty[\, = \{x \mid x \geqq a\}$ $\quad$ $]-\infty, a] = \{x \mid x \leqq a\}$
   $]a, \infty[\, = \{x \mid x > a\}$ $\quad$ $]-\infty, a[\, = \{x \mid x < a\}$

3. Die Menge $\mathbb{R}$ selbst wird als ein beidseitig offenes unendliches Intervall bezeichnet.

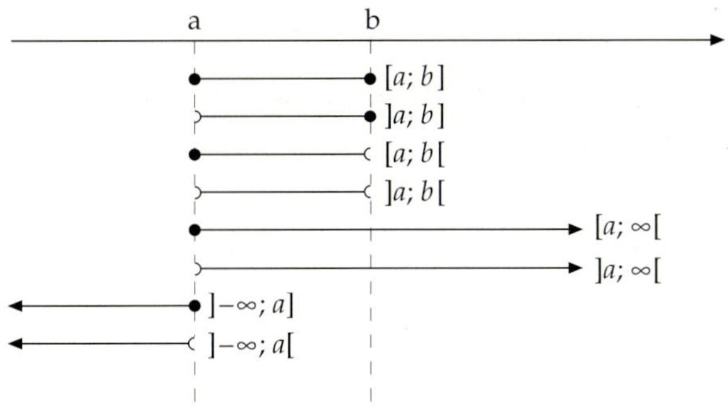

Figur 2

Bemerkung:
Für Intervalle sind verschiedene Schreib- und Redeweisen anzutreffen:

Statt $[a, b[$ schreibt man auch $[a, b)$ und spricht von einem *halboffenen* Intervall, da es linksseitig abgeschlossen und rechtsseitig offen ist.

Ebenso nennt man $]a, b] = (a, b]$ ein *halboffenes* Intervall.

Das beidseitig offene Intervall $]a, b[= (a, b)$ wird dann kurz „offenes" Intervall genannt.

2. Aussagenlogik

Bestimmte Wörter und Redeweisen kehren im Mathematikunterricht immer wieder. Die Verständigung zwischen Lehrer und Schüler kann aber nur dann funktionieren, wenn beide die Begriffe in der gleichen Bedeutung verwenden. Wir müssen uns daher mit den wichtigsten Begriffen der Aussagenlogik vertraut machen.

2.1 Grundbegriffe der Aussagenlogik

2.1.1 Aussage

Definition der Aussage

Ein Satz oder eine mathematische Angabe heißt **Aussage,** wenn sich der Wahrheitsgehalt überprüfen läßt.

In der obigen Definition ist unter „Satz" **kein** Lehrsatz zu verstehen, sondern eine Feststellung oder Behauptung, die sprachlich in einen Satz mit Subjekt und Prädikat gekleidet ist.

Wahre Aussagen:

Die Mathematik ist eine Wissenschaft.
München liegt an der Isar.
$20 - 7 = 13$
$10 > 4$
13 ist eine Primzahl.

Falsche Aussagen:

Der Schnee ist von Natur aus schwarz.
Die Elbe fließt in die Ostsee.
9 ist eine Primzahl.
$11 - 8 = 5$

Keine Aussagen:

Schöne Ferien!
Lernen Sie fleißig!
Hoffentlich werden leichte Aufgaben gestellt.

Aussageform 2.1.2

Betrachten wir den Satz:

„Multipliziert man die Zahl 3 mit einer natürlichen Zahl, so erhält man die Zahl 15", so stellen wir fest, dass in diesem Satz eine *Leerstelle* enthalten ist.

Um diesen Satz als Gleichung anzuschreiben, müssen wir diese Leerstelle mit einem Platzhalter (Variable) besetzen. Dazu wählt man aus Gewohnheit die Buchstaben u, v, w, x, y, z aus dem Ende des Alphabets. Früher sagte man dazu einfach: „Die gesuchte Größe (Unbekannte) wird mit x bezeichnet."

Unser Satz lautet als Gleichung: $3 \cdot x = 15$, in der die Variable x für eine noch zu bestimmende natürliche Zahl steht.

Definition der Aussageform

Eine Aussageform ist eine Aussage, die eine (oder mehrere) Leerstellen enthält.

Die Menge aller Elemente (Zahlen), mit denen man die Leerstelle einer Aussageform belegen darf, um nachzuprüfen, ob die Aussageform in eine wahre Aussage übergeht, heißt die *Grundmenge der Aussageform*. In unserem Beispiel ist $\mathbb{N}$ die Grundmenge der Gleichung $3 \cdot x = 15$.

In die *Lösungsmenge L einer Aussageform* werden nun alle Elemente der Grundmenge aufgenommen, welche die Aussageform in eine wahre Aussage überführen. Im Beispiel $3 \cdot x = 15$ mit $G = \mathbb{N}$ erhalten wir $L = \{5\}$.

Welche natürliche Zahl führt die Aussageform $x^2 + 2x - 15 = 0$ in eine wahre Aussage über?

Wegen $x^2 + 2x - 15 = (x - 3)(x + 5)$ muß einer der beiden Faktoren den Wert 0 haben. Wir erhalten zunächst die „Angebote" $x = 3$ oder $x = -5$. Da für die Grundmenge $G = \mathbb{N}$ festgelegt ist, erhalten wir $L = \{3\}$.

Negation einer Aussage 2.1.3

Zu jeder Aussage A können wir die *Negation* „Es gilt nicht A" bilden. Die Negation einer Aussage heißt auch „logische Verneinung" und muss von der konträren Aussage streng unterschieden werden.

Aussage A: Hans ist älter als Karl.
Negation von A: Es gilt nicht: Hans ist älter als Karl.
Oder: Hans ist nicht älter als Karl.
Konträre Aussage zu A: Hans ist *jünger* als Karl.

Welche Zusammenhänge bestehen nun zwischen einer Aussage und der Negation der Aussage bzw. der konträren Aussage?

Sie sehen im obigen Beispiel, dass Sie mit der konträren Aussage eine Wette nicht mehr entscheiden können, wenn Hans und Karl gleich alt sind. Hätten Sie die Negation der Aussage A gewählt, dann würde einer die Wette gewinnen!

Allgemein gelten die folgenden logischen Grundsätze:

Eine Aussage und ihre Negation können nicht beide falsch sein; eine von beiden muss sogar wahr sein.

Eine Aussage und ihre konträre Aussage können nicht beide wahr sein; sie können sogar beide falsch sein.

Der logische Grundsatz, dass entweder die Aussage oder ihre Negation wahr sein muss, bildet die Grundlage des *indirekten Beweises*. Man nimmt dabei an, dass die Negation der Aussage A wahr sei, und leitet dann daraus einen Widerspruch her. Damit ist aber die Negation der Aussage falsch und es muss die Aussage wahr sein. Vergleichen Sie dazu in Kapitel 1.3.1 die Beweisführung für die Behauptung, dass $\sqrt{2}$ eine irrationale Zahl ist.

2.2 Verknüpfungen von Aussagen

2.2.1 Konjunktion

Das Bindewort „und" (logisches Zeichen $\wedge$) wird in der Mathematik nur in *ausschließendem Sinn* gebraucht.

Eine aus zwei Aussagen A, B durch „und" ($\wedge$) verknüpfte Aussage $A \wedge B$ heißt **Konjunktion**.

Wir müssen klarlegen, was „ausschließender Sinn" in der obigen Feststellung bedeutet. Dazu fragen wir einfach: „Was wird bei der Verwendung des Bindewortes **und** ausgeschlossen?"

Die Antwort lautet:

„In der verknüpften Aussage $A \wedge B$ muss sowohl die Aussage A als auch die Aussage B wahr sein. Es wird also in $A \wedge B$ **ausgeschlossen**, dass eine der beiden Aussagen nicht wahr ist."

A: alle x aus $\mathbb{R}$ mit $x \leqq 3$

B: alle x aus $\mathbb{R}$ mit $x \geqq -2$

Die Lösungsmengen L_A und L_B sind in Figur 3 eingezeichnet.

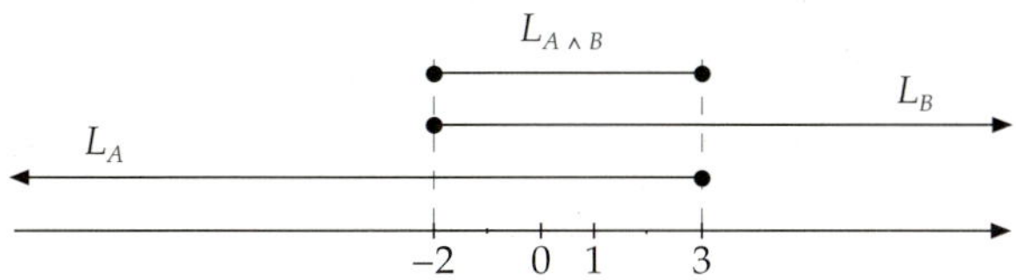

Figur 3

Die Verknüpfung $A \wedge B$ bedeutet nun, dass nur solche Zahlen x aus $\mathbb{R}$ infrage kommen, die sowohl die Aussage A als auch die Aussage B jeweils in wahre Aussagen überführen. Vergleichen Sie in Figur 3:

$x = 5$ liefert zwar für B, aber nicht für A eine wahre Aussage.

$x = -4$ liefert für A, aber nicht für B eine wahre Aussage.

$x = 1$ liefert sowohl für A als auch für B eine wahre Aussage.

Alle reellen Zahlen x mit $-2 \leqq x \leqq 3$, also der *Durchschnitt* der Lösungsmengen L_A und L_B, liefern sowohl für A als auch für B wahre Aussagen.

Es gilt allgemein:

$L_{A \wedge B} = L_A \cap L_B$

Disjunktion

2.2.2

Das Bindewort „oder" (logisches Zeichen) wird in der Mathematik stets in *einschließendem Sinn* gebraucht. Eine aus zwei Aussagen A, B durch „oder" ($\vee$) verknüpfte Aussage $A \vee B$ heißt **Disjunktion.**

Wir wollen auch hier klarlegen, was „einschließender Sinn" in der obigen Feststellung bedeutet. Dazu fragen wir: „Was wird bei der Verwendung des Bindewortes **oder** eingeschlossen?"

Die Antwort darauf lautet:

„In der verknüpften Aussage $A \vee B$ ist entweder die Aussage A wahr oder die Aussage B wahr oder es sind sogar beide Aussagen wahr." Es wird also in $A \vee B$ **eingeschlossen**, dass auch beide Aussagen wahr sind.

A: alle x aus $\mathbb{R}$ mit $-3 \leqq x \leqq 2$ B: alle x aus $\mathbb{R}$ mit $-1 \leqq x \leqq 5$

Die Lösungsmengen L_A und L_B sind in Figur 4 eingetragen.

Figur 4

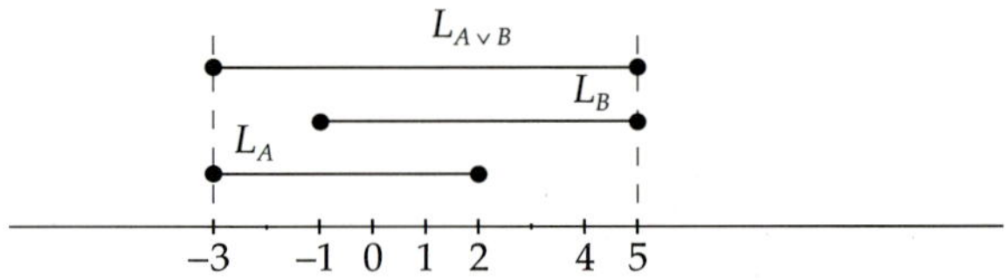

Die Verknüpfung $A \vee B$ bedeutet nun, dass alle Zahlen x aus $\mathbb{R}$ infrage kommen, die entweder die Aussage A oder die Aussage B oder sogar beide Aussagen erfüllen.

Vergleichen Sie in Figur 4:

$x = -2$ erfüllt A, also auch $A \vee B$
$x = 4$ erfüllt B, also auch $A \vee B$
$x = 1$ liefert sowohl für A als auch für B, also auch für $A \vee B$ eine wahre Aussage.

Alle reellen Zahlen x mit $-3 \leqq x \leqq 5$, also die *Vereinigung* der Lösungsmengen L_A und L_B, liefern für A oder B oder sogar für beide wahre Aussagen.

Es gilt allgemein: $L_{A \vee B} = L_A \cup L_B$

Bemerkung:
Die Verwendung der Bindewörter „und“ bzw. „oder“ in mathematischen Aussagen haben wir in den Ausführungen zur Konjunktion und Disjunktion besprochen. In der Umgangssprache werden die beiden Bindewörter oft im entgegengesetzten Sinn verwendet.

Beispiel 1

„Alle Schüler der 7. und 8. Klasse haben morgen schulfrei“

Mathematisch: Niemand hat schulfrei, da kein Schüler zugleich der 7. und der 8. Klasse angehört.
Umgangssprachlich: Die Schüler der beiden betreffenden Klassen haben morgen schulfrei.

„Alle Schüler der 7. oder 8. Klasse haben morgen schulfrei“

Mathematisch: Beide Klassen haben schulfrei, da die Schüler entweder der 7. oder der 8. Klasse angehören.
Umgangssprachlich: Die Entscheidung, wer nun schulfrei hat, ist noch nicht endgültig festgelegt.

Beispiel 2

A: Die quadratische Gleichung hat die Lösungen $x = 3$ und $x = 5$.

B: Die quadratische Gleichung hat die Lösungen $x = 3$ oder $x = 5$.

Vom Sprachgefühl her werden die meisten Menschen die Formulierung *A* für vernünftig und richtig halten. Mathematisch korrekt ist aber die Formulierung *B*. In der Sprache der Mathematik wäre die Feststellung „$x = 3$ *und* $x = 5$" sogar ein Widerspruch, da es keine Zahl *x* gibt, die zugleich 3 bzw. 5 sein kann. Wichtiger ist in diesem Zusammenhang, dass Sie die Lösungen einer Gleichung richtig berechnet haben!

Implikation 2.2.3

Werden zwei Aussagen *A*, *B* durch „wenn, … dann" (logisches Zeichen $\Rightarrow$) verknüpft, so entsteht die **Implikation** $A \Rightarrow B$.

Sprechweisen für $A \Rightarrow B$*:*

A impliziert *B*
A ist hinreichend für *B*
A hat *B* zur Folge
Wenn *A*, dann *B*
Aus *A* folgt *B*

Schwierigkeiten bereitet meist die Redeweise:

„Wenn die Aussage *A* **hinreichend** für die Aussage *B* ist, dann muss die Aussage *B* **notwendigerweise** erfüllt sein, wenn die Aussage *A* wahr ist".

Wir überlegen uns dies anhand eines einprägsamen Beispiels:

Aussage A: Der Gegenstand ist eine Rose.

Aussage B: Der Gegenstand ist eine Blume.

Die Implikation $A \Rightarrow B$ lässt sich dann so aussprechen:

Wenn wir wissen, dass der Gegenstand eine Rose ist, dann ist diese Kenntnis **hinreichend**, um zu folgern, dass der Gegenstand auch eine Blume sein muss. Wir machen eine weniger präzise Aussage, als wir eigentlich könnten. Soll dagegen der Gegenstand eine Rose sein, dann muss er **notwendigerweise** zunächst eine Blume sein, damit er überhaupt eine Rose, d.h. eine besondere Blume sein kann. Es ist also nur sinnvoll, innerhalb der Blumen nach Rosen zu suchen!

2.2.4 Äquivalenz

Werden zwei Aussagen A, B durch „genau dann ..., wenn" (logisches Zeichen $\Leftrightarrow$) verknüpft, so entsteht die **Äquivalenz** $A \Leftrightarrow B$.

Sprechweisen für $A \Leftrightarrow B$*:*

A gilt genau dann, wenn B gilt.
Aus A folgt B und umgekehrt.
A ist notwendig und hinreichend für B.

Aussage A: Eine Zahl ist durch 10 teilbar.
Aussage B: Eine Zahl ist durch 2 und 5 teilbar.

Um die Äquivalenz $A \Leftrightarrow B$ zu zeigen, müssen die beiden Implikationen $A \Rightarrow B$ und $B \Rightarrow A$ nachgewiesen werden:

$A \Rightarrow B$:
Teilbarkeit durch 10 $\Rightarrow$ Teilbarkeit durch 2 und 5

$B \Rightarrow A$:
Teilbarkeit durch 2 und 5 $\Rightarrow$ Teilbarkeit durch 10

Es gilt daher: $A \Leftrightarrow B$

Die Teilbarkeit einer Zahl durch 10 ist **notwendig und hinreichend** für die Teilbarkeit dieser Zahl durch 2 und 5. Die Teilbarkeit durch 5 ist dagegen **notwendig** für die Teilbarkeit durch 10. Wenn eine Zahl nicht durch 5 teilbar ist, dann ist sie erst recht nicht durch 10 teilbar. Ebenso ist die Teilbarkeit durch 2 eine **notwendige** Bedingung für die Teilbarkeit durch 10. Sie ist aber **nicht hinreichend**, wie die Zahl 8 zeigt.

Beweis durch vollständige Induktion

3.

Als Carl Friedrich GAUSS (1777–1855) die Grundschule besuchte, stellte der Lehrer die Aufgabe, die Summe der Zahlen von 1 bis 100 zu berechnen. Die erwartete Ruhepause war schnell dahin, als sich Carl Friedrich nach kurzem Überlegen mit dem Ergebnis 5050 meldete und erklärte, wie er gerechnet hat. Er hat unter die Summe dieselbe Summe in der umgekehrten Reihenfolge angeschrieben:

$$s_{100} = 1 + 2 + 3 + \ldots + 99 + 100$$

$$s_{100} = 100 + 99 + 98 + \ldots + 2 + 1$$

Er erkannte, dass die Addition von zwei übereinander stehenden Gliedern immer die Summe 101 hat und dass dieser Summenwert genau 100-mal auftritt.

$$2 \cdot s_{100} = 100 \cdot 101$$

$$s_{100} = \frac{100 \cdot 101}{2} = 50 \cdot 101 = 5050$$

Aus dem Aufbau der Formel $s_{100} = \frac{100 \cdot (100 + 1)}{2}$ könnte man nun vermuten, dass allgemein für beliebige natürliche Zahlen n gilt:

$$1 + 2 + 3 + \ldots + n = \frac{n\,(n + 1)}{2}$$

Tatsächlich liefern die Einsetzungen immer richtige Ergebnisse:

$n = 1$: linke Seite: 1 rechte Seite: $\frac{1 \cdot 2}{2} = 1$

$n = 2$: $1 + 2 = 3$ $\frac{2 \cdot 3}{2} = 3$

$n = 3$: $1 + 2 + 3 = 6$ $\frac{3 \cdot 4}{2} = 6$

$n = 4$: $1 + 2 + 3 + 4 = 10$ $\frac{4 \cdot 5}{2} = 10$

Auch wenn Sie Ihr Leben lang die Richtigkeit der obigen Gleichung für immer größere natürliche Zahlen zeigen, ist damit nicht bewiesen, dass sie für alle natürlichen Zahlen gilt bzw. die Erfüllungsmenge $\mathbb{N}$ hat.

Der italienische Mathematiker Giuseppe PEANO (1858–1932) hat 1889 das folgende berühmte Axiomensystem für die natürlichen Zahlen veröffentlicht:

P1: 1 ist eine natürliche Zahl.

P2: Jede natürliche Zahl hat genau einen Nachfolger.

P3: Der Nachfolger ist nie gleich 1.

P4: Verschiedene Zahlen haben verschiedene Nachfolger.

P5: Enthält eine Menge M von natürlichen Zahlen die 1 und liegt mit jeder natürlichen Zahl auch deren Nachfolger in M, dann ist $M = \mathbb{N}$.

Das fünfte Axiom von PEANO zeigt einen Weg auf, wie wir nachweisen können, dass eine Aussageform $A(n)$ für alle natürlichen Zahlen eine wahre Aussage liefert:

1. Die Aussage $A(1)$ muss wahr sein, d.h., $n = 1$ liegt in der Erfüllungsmenge. Damit ist ein Anfang gemacht, den wir **Verankerung** nennen.
2. Die natürlichen Zahlen lassen sich der Reihe nach durch fortgesetzte Addition der Zahl 1 gewinnen. Eine Aussageform $A(n)$, die für alle natürlichen Zahlen gelten soll, muss daher schrittweise von einer Zahl n zur nächsten Zahl $n + 1$ als richtig nachgewiesen werden! Die Wahrheit der Aussage **vererbt** sich sozusagen von Zahl zu Zahl. (Laufmaschenbeweis; Dominoprinzip.)

Wir haben damit ein Beweisverfahren gefunden, das als **vollständige Induktion** bezeichnet wird und immer nach dem folgenden Muster abläuft:

Beweis durch vollständige Induktion

Die Aussageform $A(n)$ ist wahr für alle natürlichen Zahlen, wenn gezeigt werden kann:

1. **Verankerung:** Die Aussage $A(1)$ ist wahr.
2. **Vererbung:** Die Gültigkeit von $A(n)$ zieht die Gültigkeit von $A(n + 1)$ nach sich.

Bemerkung:

Die Verankerung muss nicht immer bei $n = 1$ liegen!
Zum Beispiel liegt für „$A(n)$ ist wahr für $n \geqq 2$" die Verankerung bei $n = 2$.

Wir kehren zurück zum Ausgangsproblem und lösen es im ersten Beispiel:

Beispiel 1

Behauptung: $A(n)$: $1 + 2 + 3 + \ldots + n = \dfrac{n(n+1)}{2}$ ist gültig für n aus $\mathbb{N}$.

Verankerung: $A(1)$ ist wahr, denn es gilt: $1 = \dfrac{1(1+1)}{2}$; $1 = 1$

Vererbung:

$A(n+1)$: $1 + 2 + 3 + \ldots + n + (n+1) = \dfrac{(n+1)(n+2)}{2}$ soll als wahr nachgewiesen werden, wenn $A(n)$ wahr ist!

Da $A(n)$: $1 + 2 + 3 + \ldots + n = \dfrac{n(n+1)}{2}$ wahr ist, können wir damit die linke Seite der Gleichung $A(n+1)$ umformen:

$$1 + 2 + 3 + \ldots + n + (n+1) = \frac{n(n+1)}{2} + (n+1) = \frac{n(n+1)}{2} + \frac{2(n+1)}{2} =$$

$$= \frac{(n+1)(n+2)}{2}$$

Es muss hier unbedingt klargestellt werden, dass wir bei obiger Umformung die rechte Seite der Gleichung $A(n+1)$ *nicht* verwendet haben, sondern gezeigt haben, dass die linke Seite von $A(n+1)$ mit Hilfe der Aussageform $A(n)$ in die rechte Seite der Gleichung $A(n+1)$ umgeformt werden kann. Damit ist aber nachgewiesen, dass die Gültigkeit von $A(n)$ die Gültigkeit von $A(n+1)$ nach sich zieht.

Beispiel 2

Behauptung: Die Aussageform $A(n)$: $1 + 3 + 5 + 7 + \ldots + (2n-1) = n^2$ gilt für alle natürlichen Zahlen.

Verankerung:

$A(1)$ ist wahr, denn dafür ist: $1 = 1^2$, also $1 = 1$

Vererbung:

Die Aussageform

$A(n+1)$: $\quad 1 + 3 + 5 + \ldots + (2n-1) + (2(n+1)-1) = (n+1)^2$

bzw.: $\quad 1 + 3 + 5 + \ldots + (2n-1) + (2n+1) = (n+1)^2$

soll als wahr nachgewiesen werden, wenn $A(n)$ wahr ist. Dazu formen wir die linke Seite der Gleichung $A(n+1)$ unter Verwendung von „$A(n)$ ist wahr“ wie folgt um:

$$1 + 3 + 5 + \ldots + (2n-1) + (2n+1) = n^2 + (2n+1) = n^2 + 2n + 1 = (n+1)^2$$

Die Umformung der linken Seite von $A(n+1)$ liefert gerade die rechte Seite von $A(n+1)$, d.h., die Vererbung ist nachgewiesen!

Beispiel 3 Behauptung: Die Summe der Kuben von drei aufeinander folgenden natürlichen Zahlen ist immer durch 9 teilbar.

Die Behauptung lautet als Gleichung:

$A(n)$: $n^3 + (n+1)^3 + (n+2)^3 = 9\,K$ mit K aus $\mathbb{N}$

Verankerung:

$A(1)$ ist wahr, denn es gilt: $1^3 + 2^3 + 3^3 = 36$ ist durch 9 teilbar.

Vererbung:

Zu zeigen ist, dass $A(n+1)$: $(n+1)^3 + (n+2)^3 + (n+3)^3$ durch 9 teilbar ist, wenn $A(n)$ wahr ist.

Da der Anteil $(n+1)^3 + (n+2)^3$ auch in $A(n)$ auftritt, entwickeln wir nur $(n+3)^3 = n^3 + 9n^2 + 27n + 27$ und erhalten damit:

$$A(n+1): \quad (n+1)^3 + (n+2)^3 + n^3 + 9n^2 + 27n + 27 =$$
$$= n^3 + (n+1)^3 + (n+2)^3 + 9\,(n^2 + 3n + 3) =$$
$$= 9K + 9\,(n^2 + 3n + 3) = 9\,(K + n^2 + 3n + 3)$$

Es gilt also: $A(n+1)$ ist durch 9 teilbar, wenn $A(n)$ es war.

Beispiel 4 Jakob BERNOULLI (Schweizer Mathematiker, 1654–1705) gab 1689 die nach ihm benannte Ungleichung bekannt:

Ist $x > -1$ und $x \neq 0$, so gilt für jede natürliche Zahl $n \geqq 2$ die Ungleichung:

$A(n)$: $(1+x)^n > 1 + nx$

Verankerung:

$A(2)$ ist wahr, denn für $x \neq 0$ gilt: $(1+x)^2 = 1 + 2x + x^2 > 1 + 2x$

Dabei haben wir durch Weglassen des positiven Summanden x^2 die Summe verkleinert!

Vererbung:

$A(n+1)$: $(1+x)^{n+1} > 1 + (n+1)x$ soll als wahr nachgewiesen werden, wenn $A(n)$ wahr ist.

Dazu formen wir die linke Seite von $A(n+1)$ wie folgt um:

$$(1+x)^{n+1} = (1+x)^n\,(1+x) > (1+nx)\,(1+x) = 1 + x + nx + nx^2$$
$$= 1 + (n+1)\,x + nx^2$$

Durch Weglassen des positiven Summanden nx^2 erhalten wir:

$(1 + x)^{n+1} > 1 + (n + 1)\,x$

Damit ist bewiesen, daß die Aussageform $A(n)$ für $n \geqq 2$ immer eine wahre Aussage ergibt.

Aufgabe 1

$A(n)$: $2 + 6 + 18 + 54 + \ldots + 2 \cdot 3^n = 3^{n+1} - 1$

Beweisen Sie, dass $A(n)$ für alle natürlichen Zahlen gilt.

Aufgabe 2

Für alle natürlichen Zahlen n gilt:

$$A(n):\ 1^2 + 3^2 + 5^2 + \ldots + (2n - 1)^2 = \frac{n\,(4n^2 - 1)}{3}$$

Aufgabe 3

Für alle natürlichen Zahlen n gilt:

$A(n)$: $3 + 7 + 11 + \ldots + (4n - 1) = 2n^2 + n$

Aufgabe 4

Für alle natürlichen Zahlen n gilt:

$A(n)$: $1 \cdot 1! + 2 \cdot 2! + \ldots + n \cdot n! = (n + 1)! - 1$

$n!$ wird gelesen „n Fakultät“ und bedeutet: $n! = 1 \cdot 2 \cdot 3 \cdot \ldots \cdot n$

Aufgabe 5

Beweisen Sie durch vollständige Induktion:

Der Term $T(n) = n^3 + 5n$ ist für n aus $\mathbb{N}$ immer durch 3 teilbar.

4. Zahlenfolgen

4.1 Zahlenfolgen als Abbildungen von $\mathbb{N}$ in $\mathbb{R}$

Unter einer „Zahlenfolge“ versteht man die angegebene Aufeinanderfolge von reellen Zahlen, z. B.: 2; 0; – 1; 5; 7; – 10.

Allgemein können wir unter Verwendung der natürlichen Zahlen als Platzziffern schreiben:

$a_1; a_2; a_3; \ldots; a_{n-1}; a_n; a_{n+1}; \ldots$

Die reellen Zahlen a_1; a_2; … heißen die **Glieder der Folge**. Die Folge selbst bezeichnen wir mit (a_n).

Die Nummerierung der einzelnen Glieder einer Folge (a_n) führt zu den Redeweisen:

a_1 ist das 1. Glied der Folge (a_n).

a_7 ist das 7. Glied der Folge (a_n).

a_{n-1} heißt *Vorgänger* von a_n, wenn $n \geqq 2$ ist.

a_{n+1} heißt immer *Nachfolger* von a_n.

a_n heißt das allgemeine Glied der Folge (a_n).

Die Verwendung der natürlichen Zahlen als Platzziffern für die einzelnen Glieder einer Folge führt zu einer neuen Auffassung einer Folge, wenn wir beachten, dass dadurch zwischen den natürlichen Zahlen n und den reellen Zahlen a_n eine eindeutige Zuordnung besteht.

Definition der Zahlenfolge

Die Zahlenfolge (a_n) ist gegeben durch die Abbildung der Menge $\mathbb{N}$ in der Menge $\mathbb{R}$, wobei der natürlichen Zahl n die reelle Zahl a_n zugeordnet wird.

(a_n): $\mathbb{N} \to \mathbb{R}$; $n \to a_n$

Vorgabe von Zahlenfolgen 4.2

Baugesetz für das allgemeine Glied 4.2.1

Die einzelnen Glieder $a_1, a_2, \ldots$ einer Zahlenfolge können berechnet werden, wenn wir wissen, wie sich das allgemeine Glied a_n der Folge (a_n) aus der Platzziffer n berechnen lässt. Dazu muss natürlich das Baugesetz für a_n bekannt sein.

Beispiel 1

(a_n): $\mathbb{N} \to \mathbb{R}$, $n \to a_n = n^2 + 1$

Setzen Sie der Reihe nach die Zahlen 1, 2, 3, 4, … in den Term $n^2 + 1$ ein, so erhalten Sie: 2, 5, 10, 17, …

Die Folge (a_n) ist eine unendliche Zahlenfolge, bei der nach Vorgabe der Platzziffer das zugehörige Folgenglied berechnet werden kann; z.B.: $n = 223$; $a_{223} = 223^2 + 1 = 49730$.

Beispiel 2

(b_n): $\mathbb{N} \to \mathbb{R}$, $n \to b_n = \frac{1}{n}$

Dadurch wird die Folge $1; \frac{1}{2}; \frac{1}{3}; \frac{1}{4}; \ldots$ beschrieben.

Beispiel 3

(c_n): $\mathbb{N} \to \mathbb{R}$, $n \to c_n = \frac{(-1)^n}{2^n}$

Hier gilt: $c_1 = -\frac{1}{2}$, $c_2 = \frac{1}{4}$, $c_3 = -\frac{1}{8}$, $c_4 = \frac{1}{16}$, …

Aufgabe 6

Berechnen Sie jeweils die ersten 6 Glieder der gegebenen Zahlenfolgen:

6.1 (a_n): $a_n = \frac{n-1}{n+2}$

6.2 (b_n): $b_n = \frac{(-1)^n}{n^2}$

6.3 (c_n): $c_n = \frac{2n^2 + n}{n^2 + 1}$

6.4 (d_n): $d_n = \frac{-n^2}{1-3n}$

Aufgabe 7 Von Folgen mit einem bestimmten Baugesetz für das allgemeine Glied sind jeweils die ersten 5 Glieder bekannt. Versuchen Sie, für das allgemeine Glied ein möglichst einfaches Baugesetz zu finden.

7.1 (a_n): $2; \frac{3}{2}; \frac{4}{3}; \frac{5}{4}; \frac{6}{5}; \dots$

7.2 (b_n): $-\frac{1}{2}; \frac{2}{5}; -\frac{3}{10}; \frac{4}{17}; -\frac{5}{26}$

7.3 (c_n): $0; 1; 0; 1; 0; \dots$

7.4 (d_n): $1; 3; 6; 10; 15; \dots$

4.2.2 Rekursive Definition einer Folge

In den Beispielen von Kapitel 4.2.1 konnten wir nach Vorgabe der Platzziffer n das zugehörige Folgenglied a_n direkt berechnen. Bei der rekursiven Definition einer Folge ist dies nicht mehr möglich!

Die Folge (a_n) ist gegeben durch $a_1 = 3$ und die Rekursionsvorschrift:

$$a_{n+1} = a_n + \frac{2}{n} \quad \text{für } n \text{ aus } \mathbb{N}.$$

Die **Rekursionsvorschrift** gestattet in diesem Fall die Berechnung des Nachfolgers a_{n+1}, wenn der Vorgänger a_n bereits bekannt ist!

Die Glieder $a_2; a_3; a_4; \dots$ der Folge (a_n) können der Reihe nach berechnet werden:

$$a_1 = 3$$

$$a_2 = a_1 + \frac{2}{1} = 3 + 2 = 5$$

$$a_3 = a_2 + \frac{2}{2} = 5 + 1 = 6$$

$$a_4 = a_3 + \frac{2}{3} = 6 + \frac{2}{3} = \frac{20}{3}$$

$$a_5 = a_4 + \frac{2}{4} = \frac{20}{3} + \frac{1}{2} = \frac{43}{6} \quad \text{usw.}$$

Aufgabe 8 Nach dem italienischen Mathematiker Leonardo FIBONACCI (1180–1250) ist die durch $a_1 = 1$; $a_2 = 2$ und $a_{n+2} = a_{n+1} + a_n$ gegebene Folge (a_n) benannt.

Berechnen Sie die ersten 12 Glieder der FIBONACCI-Folge.

Aufgabe 9

Berechnen Sie jeweils die ersten 5 Glieder:

9.1 (a_n): $a_1 = 0, \quad a_{n+1} = a_n + \dfrac{1}{n(n+1)}$

9.2 (b_n): $b_1 = 2, \quad b_{n+1} = b_n + 2n$

9.3 (c_n): $c_1 = 1, \quad c_{n+1} = c_n + \dfrac{1}{2^n}$

4.3 Arithmetische Zahlenfolgen

Das Baugesetz für die Folge – 3; 1; 5; 9; 13; ... ist leicht zu erkennen: Wir erhalten immer das nächste Glied der Folge, wenn wir zum aktuellen Glied die Zahl 4 *addieren*.

Im Beispiel gilt also:

$a_1 = -3$

$a_2 = a_1 + 4 = -3 + 4 = 1$

$a_3 = a_2 + 4 = a_1 + 4 + 4 = a_1 + 2 \cdot 4 = -3 + 8 = 5$

$a_4 = a_3 + 4 = a_1 + 2 \cdot 4 + 4 = a_1 + 3 \cdot 4 = -3 + 12 = 9$

$\vdots$

$a_{20} = a_1 + (20 - 1) \cdot 4 = -3 + 19 \cdot 4 = -3 + 76 = 73$

$\vdots$

$a_n = a_1 + (n - 1) \cdot 4$

Sie sehen hier schon die berüchtigte Stolperstelle bei der Berechnung des allgemeinen Gliedes a_n einer arithmetischen Zahlenfolge. Bei der Bildung von a_n wird die Zahl 4 *nicht* n-mal, sondern nur $(n - 1)$-mal zu a_1 addiert!

Arithmetische Zahlenfolge

Ist in einer Zahlenfolge (a_n) das Anfangsglied a_1 gegeben und gilt mit d aus $\mathbb{R}$ für die weiteren Folgenglieder:

$a_2 = a_1 + d; \ a_3 = a_1 + 2d; \ \ldots; \ a_n = a_1 + (n - 1)\, d,$

so liegt eine *arithmetische* Zahlenfolge vor.

Die Bezeichnung arithmetische Zahlenfolge wurde gewählt, weil jedes innere Glied ($n \geqq 2$) einer solchen Folge das *arithmetische Mittel* aus den benachbarten Folgengliedern ist, d.h., es gilt:

$$a_n = \frac{a_{n-1} + a_{n+1}}{2} \quad \text{für } n \geqq 2$$

$$a_n = \frac{a_1 + (n-2)\,d + a_1 + nd}{2} = \frac{2\,(a_1 + (n-1)\,d)}{2} = a_n$$

Die Differenz d können Sie immer als Differenz aus zwei aufeinander folgenden Gliedern berechnen:

$$d = a_2 - a_1 = a_3 - a_2 = \ldots = a_{n+1} - a_n$$

4.3.1 Summenformel für die arithmetische Zahlenfolge

Um die Summe der ersten n Glieder einer arithmetischen Zahlenfolge zu berechnen, schreiben wir diese Summe nochmal in der umgekehrten Reihenfolge darunter:

$$s_n = a_1 + a_2 + a_3 + \quad \ldots + a_{n-1} + a_n$$

$$s_n = a_n + a_{n-1} + a_{n-2} + \ldots + a_2 \quad + a_1$$

Wir erinnern uns, dass schon dem Grundschüler GAUSS aufgefallen ist, dass die untereinander stehenden Ausdrücke immer denselben Summenwert $a_1 + a_n$ haben, zum Beispiel:

$$a_2 + a_{n-1} = (a_1 + d) + (a_n - d) = a_1 + a_n$$

$$a_3 + a_{n-2} = (a_1 + 2d) + (a_n - 2d) = a_1 + a_n$$

Durch Addition obiger Summen erhalten wir:

$$2 \cdot s_n = n\,(a_1 + a_n) \quad \text{bzw.} \quad s_n = \frac{n}{2}\,(a_1 + a_n)$$

Für die Summe der ersten n Glieder einer arithmetischen Zahlenfolge (a_n) mit der Differenz d gilt:

$$s_n = \frac{n}{2}\,(a_1 + a_n) = \frac{n}{2}\,(a_1 + (n-1)\,d)$$

Geometrische Zahlenfolgen

Das Baugesetz der Folge 3; 6; 12; 24; 48; … ist ebenfalls leicht zu erkennen: Wir erhalten immer das nächste Glied dieser Folge, wenn das aktuelle Glied mit der Zahl 2 *multipliziert* wird.

Im Beispiel gilt:

$a_1 = 3$

$a_2 = a_1 \cdot 2 = 3 \cdot 2 = 6$

$a_3 = a_2 \cdot 2 = (3 \cdot 2) \cdot 2 = 3 \cdot 2^2 = 12$

$a_4 = a_3 \cdot 2 = (3 \cdot 2^2) \cdot 2 = 3 \cdot 2^3 = 24$

⋮

$a_{20} = a_1 \cdot 2^{19} = 3 \cdot 2^{19} = 3 \cdot 524288 = 1572864$

⋮

$a_n = a_1 \cdot 2^{n-1} = 3 \cdot 2^{n-1}$

Auch hier sehen Sie die Stolperstelle bei der Bildung des allgemeinen Gliedes a_n einer geometrischen Zahlenfolge. Bei der Bildung von a_n wird das Anfangsglied a_1 *nicht* mit 2^n, sondern nur mit dem Faktor 2^{n-1} multipliziert!

> *Geometrische Zahlenfolge*
>
> Ist in einer Zahlenfolge (a_n) das Anfangsglied a_1 gegeben und gilt mit $q \neq 1$ aus $\mathbb{R}$ für die weiteren Folgenglieder:
>
> $a_2 = a_1 q;\ a_3 = a_1 q^2;\ \ldots;\ a_n = a_1 q^{n-1}$,
>
> so liegt eine *geometrische* Zahlenfolge vor.

Die Bezeichnung geometrische Zahlenfolge wurde gewählt, weil der *Betrag* jedes inneren Gliedes ($n \geqq 2$) einer solchen Folge das *geometrische Mittel* aus den benachbarten Folgengliedern ist, d. h., es gilt:

$$|a_n| = \sqrt{a_{n-1} \cdot a_{n+1}} = \sqrt{a_1 q^{n-2} a_1 q^n} = \sqrt{a_1^2 q^{2(n-1)}} = |a_1 q^{n-1}|$$

Den Quotienten $q \neq 1$ können Sie immer als Quotient aus zwei aufeinander folgenden Gliedern berechnen:

$$q = \frac{a_2}{a_1} = \frac{a_3}{a_2} = \ldots = \frac{a_{n+1}}{a_n}$$

4.4.1 Summenformel für die geometrische Zahlenfolge

Um die Summe der ersten n Glieder einer geometrischen Zahlenfolge zu berechnen, multiplizieren wir diese Summe mit q und schreiben die neue Summe $s_n q$ etwas nach rechts versetzt unter die gesuchte Summe:

$$s_n = a_1 + a_1 q + a_1 q^2 + a_1 q^3 + \ldots + a_1 q^{n-2} + a_1 q^{n-1}$$

$$s_n q = \quad a_1 q + a_1 q^2 + a_1 q^3 + \ldots + a_1 q^{n-2} + a_1 q^{n-1} + a_1 q^n$$

Subtrahieren wir nun die zweite Gleichung von der ersten, dann bleibt nur noch $a_1 - a_1 q^n$ auf der rechten Seite übrig!

$$s_n - s_n q = a_1 - a_1 q^n$$

$$s_n (1 - q) = a_1 (1 - q^n) \quad \text{bzw.:} \quad s_n = a_1 \cdot \frac{1 - q^n}{1 - q} = a_1 \cdot \frac{q^n - 1}{q - 1}$$

Für die Summe der ersten n Glieder einer geometrischen Zahlenfolge (a_n) mit dem Quotienten $q \neq 1$ gilt:

$$s_n = a_1 \cdot \frac{1 - q^n}{1 - q} = a_1 \cdot \frac{q^n - 1}{q - 1}$$

Bemerkung:

Ist in einer geometrischen Folge $q < 0$, dann spricht man von einer *alternierenden* Folge, da die aufeinander folgenden Glieder jetzt immer Vorzeichenwechsel haben, zum Beispiel

4; – 8; 16; – 32; … oder: – 3; 9; – 27; 81; …

Aufgabe 10 Der indische Herrscher SCHEHRAM verlangte, dass SESSA, der Erfinder des Schachspiels, sich eine Belohnung wählen solle. Dieser erbat sich die Summe der Weizenkörner, die sich ergibt, wenn für das erste Feld des Schachbretts 1 Korn, für das zweite 2 Körner, für das dritte 4 Körner usw. gerechnet werden.

1. Wie viele Körner ergeben sich für die 64 Felder?
2. Wie viele Tonnen hat die Gesamtmenge, wenn 20 Körner die Masse von 1 g haben?

Aufgabe 11 Ein geiziger Landmann lässt seinem Pferd neue Hufeisen auflegen und findet die Forderung des Schmiedes über 60 DM zu hoch. Er geht daher auf den Vorschlag des Schmiedes ein, den ersten Hufnagel mit 1 Pfennig, den zweiten mit 2 Pf., den dritten mit 4 Pf. usw. zu berechnen. Für ein Eisen braucht man 8 Nägel; alle vier Eisen wurden erneuert!

Begründen Sie durch Rechnung, warum der Landmann weiterhin schwer schuften musste und der Schmied in Urlaub ging.

Aufgabe 12

In einer arithmetischen Folge beträgt die Summe der ersten drei Glieder 3. Das 10. Folgenglied heißt 25. Wie lauten die ersten fünf Glieder der Folge? Ist 295 ein Glied der Folge? Wenn ja, welches?

Aufgabe 13

Zwischen die Zahlen 6 und 54 werden drei positive Zahlen so eingefügt, dass eine geometrische Folge mit dem ersten Glied 6 entsteht.
Wie lauten die ersten sechs Glieder dieser Folge?

5. Absolutbetrag und Ungleichungen

5.1 Lineare und quadratische Ungleichungen und Bruchungleichungen

Das Lösen von Ungleichungen hat in vielen Anwendungsfeldern der Mathematik (Technik, Wirtschaft, Physik) oft eine größere Bedeutung als das Lösen von Gleichungen. Vergessen Sie Ihre negativen Erfahrungen und sehen sich einmal den folgenden Vorschlag für die Lösung von Ungleichungen an. Die Hilfsmittel sind das Zeichnen von Geraden und einfachen Parabeln sowie die Berechnung der Nullstellen einer quadratischen Gleichung.

Lösen von Ungleichungen

1. Formen Sie die Ungleichung durch Anwendung der Grundrechenarten so um, dass Sie nur einen Term $T(x)$ oder einen Bruch $\frac{Z(x)}{N(x)}$ erhalten.
2. Bestimmen Sie die Nullstellen von $T(x)$ bzw. von $Z(x)$ und $N(x)$ (diese sind Definitionslücken!).
3. Skizzieren Sie nun die Graphen von $T(x)$ bzw. von $Z(x)$ und $N(x)$ in einem Koordinatensystem und lesen Sie auf der x-Achse die Lösungsmenge der Ungleichung ab.

Wie dieses Verfahren in der Praxis funktioniert, sehen wir uns in vier Beispielen an. Vielleicht finden Sie Spaß an dieser Methode.

Eine Ungleichung heißt **linear**, wenn sie auf die Form $ax + b < 0$ (bzw. $\leqq 0$, > 0 oder $\geqq 0$) gebracht werden kann. Dabei setzen wir $a \neq 0$ voraus. Dieser Ungleichung können wir nun eine Gerade g: $y = ax + \mathrm{b}$ zuordnen und die Gerade in einem Koordinatensystem zeichnen.

Beispiel 1

Gesucht ist die Lösungsmenge der Ungleichung

$-x + 2 > 7 - 3x$	| $3x$ addieren!
$2x + 2 > 7$	| 7 subtrahieren!
$2x - 5 > 0$	| Jetzt haben Sie die Form $T(x) > 0$

Natürlich könnten Sie weiterrechnen und $x > 2{,}5$ folgern.

Wir ordnen der Ungleichung $2x - 5 > 0$ nun die Gerade g: $y = 2x - 5$ zu, berechnen ihre Nullstelle $x = 2{,}5$ und zeichnen die Gerade evtl. mit Hilfe eines weiteren Punktes $P(0; -5)$ in das Koordinatensystem; vergleiche Figur 5.

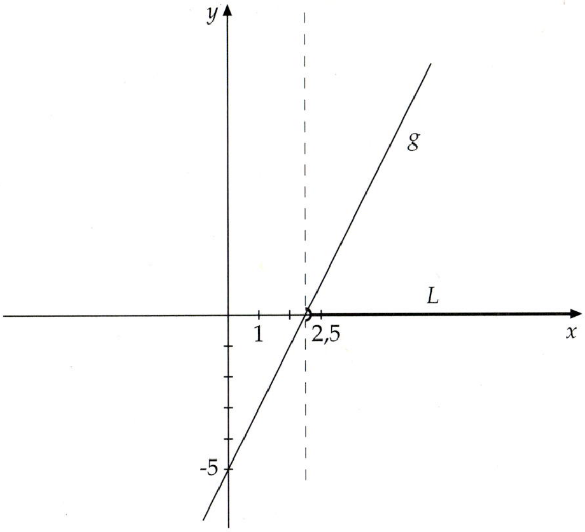

Figur 5

Die Ungleichung $2x - 5 > 0$ ist nun gleichbedeutend mit $y > 0$. Aus der Zeichnung lesen wir ab, dass $y > 0$ für $x > 2,5$ erfüllt ist. $L = \{x \mid x > 2,5\}$.

Beispiel 2

Gesucht ist die maximale in $\mathbb{R}$ liegende Menge D, für die der Term $T(x)$ erklärt ist. Die Menge D heißt auch Definitionsmenge des Terms $T(x)$.

$$T(x) = \sqrt{\frac{x-4}{2-x}}$$

Da eine Wurzel nur erklärt ist, wenn der Radikand $R(x)$ definiert und nichtnegativ, also $R(x) \geqq 0$ ist, erhalten wir die Ungleichung $R(x) \geqq 0$ bzw. $\frac{x-4}{2-x} \geqq 0$ mit $x \neq 2$, da wir sonst durch 0 dividieren würden.

Multiplizieren Sie die Ungleichung **nicht** mit Fallunterscheidungen ($2 - x > 0$; $2 - x < 0$) für den Nenner, sondern zeichnen Sie die Geraden $Z(x) = x - 4$ und $N(x) = 2 - x$ in ein Koordinatensystem und lesen Sie aus der Zeichnung unter Beachtung der Vorzeichenregel ($Z(x) \geqq 0$ *und* $N(x) > 0$ oder $Z(x) \leqq 0$ *und* $N(x) < 0$) die Lösungsmenge L der Ungleichung $R(x) \geqq 0$ einfach ab.

Vergleichen Sie in Figur 6: Nur für $2 < x < 4$ verlaufen beide Graphen *unterhalb der x-Achse*; ihre negativen Funktionswerte ergeben miteinander multipliziert einen *positiven* Wert. Die Stelle $x = 4$ erfüllt ebenfalls die Ungleichung $R(x) \geqq 0$. Die Stelle $x = 2$ gehört **nicht** zur Lösungsmenge, da $R(2)$ nicht erklärt ist. Die Lösungsmenge L der Ungleichung $R(x) \geqq 0$ ist dann die gesuchte Definitionsmenge D. Es gilt: $D = L = \{x \mid 2 < x \leqq 4\}$.

Figur 6

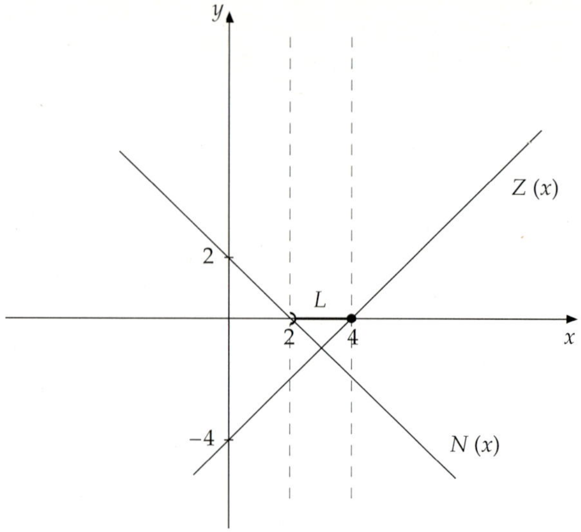

Um nun auch quadratische Ungleichungen lösen zu können, erinnern wir uns an die Parabeln aus der Mittelstufe!

Beispiel 3 Gesucht ist die Lösungsmenge der Ungleichung:

$x^2 + x - 12 < 0$

Von der zugeordneten Parabel P: $y = x^2 + x - 12$, die nach **oben** geöffnet ist (positiver Faktor bei x^2), bestimmen wir über die Bedingung $y = 0$ die Nullstellen:

$$x^2 + x - 12 = 0;\ x = \frac{-1 \pm \sqrt{1 + 48}}{2} = \frac{-1 \pm 7}{2};\ x = 3 \text{ oder } x = -4$$

Skizzieren wir nun den Verlauf der Parabel P in einem Koordinatensystem, dann können wir alle x-Werte ablesen, für die $y < 0$ gilt.

Figur 7

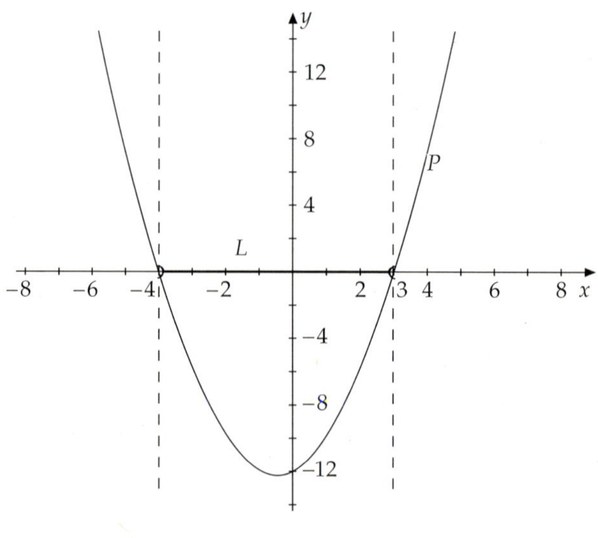

Die Bedingung $y < 0$ ist erfüllt, wenn die zugehörigen Parabelpunkte **unterhalb** der x-Achse liegen. Wir erhalten: $L = \{x \mid -4 < x < 3\}$.

Wir schlagen nun einmal richtig zu und wagen uns an die Lösung der Ungleichung: **Beispiel 4**

$$\frac{x-1}{x+3} + \frac{2-x}{x-5} + \frac{x^2+8x+13}{x^2-2x-15} \geqq 4$$

Wegen $x^2 - 2x - 15 = (x+3)(x-5)$ erhalten wir unter Beachtung der restlichen Nenner die Definitionsmenge $D = \mathbb{R} \setminus \{-3; 5\}$.

Denken Sie an unseren Plan:

Alle Ausdrücke auf eine Seite bringen und $\frac{Z(x)}{N(x)}$ herstellen! Wir erweitern auf den Hauptnenner $(x+3)(x-5)$ und bilden einen Bruch:

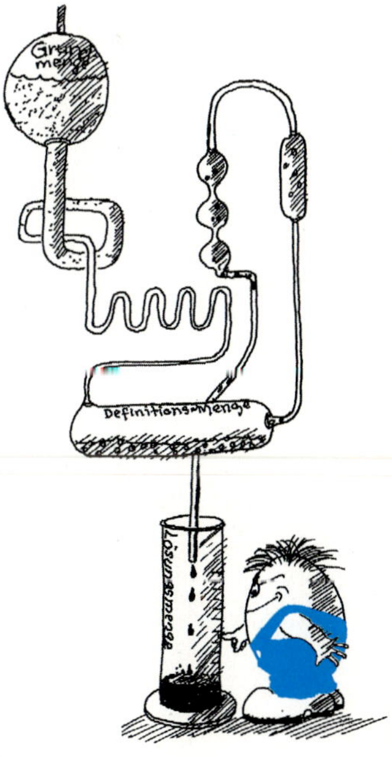

$$\frac{(x-1)(x-5) + (2-x)(x+3) + x^2 + 8x + 13 - 4(x^2 - 2x - 15)}{(x+3)(x-5)} \geqq 0$$

$$\frac{x^2 - 5x - x + 5 + 2x + 6 - x^2 - 3x + x^2 + 8x + 13 - 4x^2 + 8x + 60}{(x+3)(x-5)} \geqq 0$$

$$\frac{-3x^2 + 9x + 84}{(x+3)(x-5)} \geqq 0$$ | Durch (-3) dividieren und danach das Anordnungszeichen umdrehen!

$$\frac{x^2 - 3x - 28}{(x+3)(x-5)} \leqq 0$$

Mit $x^2 - 3x - 28 = (x+4)(x-7)$ erhalten wir schließlich:

$$\frac{(x+4)(x-7)}{(x+3)(x-5)} \leqq 0$$

Die Lösung dieser Ungleichung erhalten wir nun über unsere „Rechenmaschine", die aus einer einfachen Zeichnung besteht. Vergleichen Sie in Figur 8:

$Z(x) = (x+4)(x-7)$ ist eine nach oben geöffnete Parabel mit den Nullstellen $x = -4$ und $x = 7$, die zur Lösungsmenge gehören. $N(x) = (x+3)(x-5)$ ist ebenfalls eine nach oben geöffnete Parabel mit den Nullstellen $x = -3$ und $x = 5$, die aber **nicht** in der Definitionsmenge D liegen, da die Division durch 0 ausgeschlossen werden muss.

Figur 8

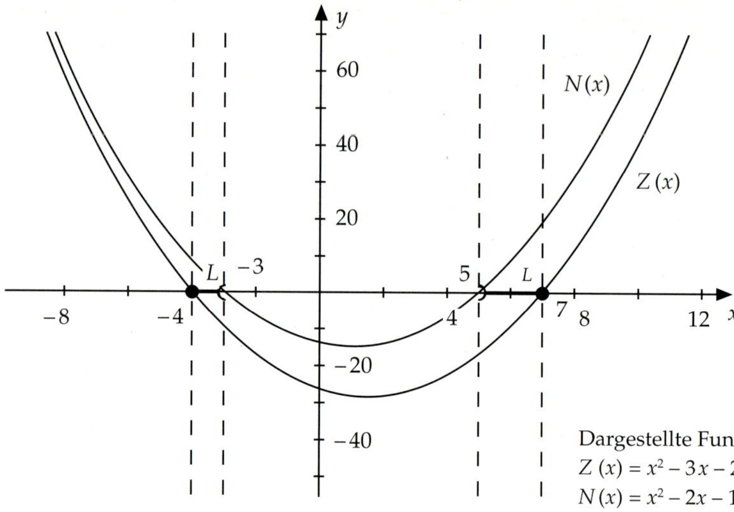

Dargestellte Funktionen
$Z(x) = x^2 - 3x - 28$
$N(x) = x^2 - 2x - 15$

Die Bedingung $\frac{Z(x)}{N(x)} \leqq 0$ der zuletzt angeschriebenen Ungleichung (wir haben ja im Verlauf der Rechnung durch (– 3) dividiert!) ist erfüllt, wenn die Teile der Parabeln auf **verschiedenen** Seiten der x-Achse liegen **oder** $Z(x) = 0$ gilt.

$L = \{x \mid -4 \leqq x < -3 \text{ oder } 5 < x \leqq 7\}$

Aufgabe 14 Bestimmen Sie die Definitions- und Lösungsmenge der Ungleichung:

$$\frac{3}{1 - 2x} < -1$$

Aufgabe 15 Ebenso für : $\frac{4}{x+2} < \frac{3}{x-4}$

Aufgabe 16 Ebenso für: $\frac{4x^2 + 2x}{x^2 + 1} \leqq 3$

5.2 Ungleichungen mit Beträgen

Die Ungleichungen mit Beträgen werden nach dem Lösen der Beträge ebenso wie die Ungleichungen in Kapitel 5.1 behandelt.

Zunächst aber werden wir eine Methode bereitstellen, mit der wir die Beträge sicher auflösen können.

In Kapitel 1.5.2 haben wir $|a|$ als den Betrag einer reellen Zahl a eingeführt. Dort haben wir $|a|$ gedeutet als den nichtnegativen Abstand des Punktes der Zahl a vom Nullpunkt der Zahlengeraden, zum Beispiel:

$|0| = 0,\ |-3| = 3,\ |7| = 7$

Der Betrag ist ein echter *„Positivmacher“*, der nur die 0 und positive Werte ungeschoren lässt. Negative Zahlen haben keine Chance, sie werden positiv gemacht!

Die Schwierigkeiten mit dem Betrag verschwinden schlagartig, wenn wir uns einmal überlegen, was eigentlich der Betrag bewirkt, wenn wir einen Term $T(x)$ in Betragsstriche setzen.

$|T(x)| = |x-3|$

Für alle Zahlen x mit $x \geqq 3$ ist $x-3 \geqq 0$ und der Betrag ändert daran nichts.

$|T(x)| = |x-3| = x-3$ für $x-3 \geqq 0$

Für $x < 3$ wäre $x-3 < 0$. Dies verhindert der Betrag, indem er in diesem Fall die Ungleichung $x-3 < 0$ mit (-1) multipliziert und $-(x-3) > 0$ herstellt.

$|T(x)| = |x-3| = -(x-3)$ für $x-3 < 0$

In Worten kann man das so formulieren:

> Der Betrag eines Terms $T(x)$ ist der Term $T(x)$ selbst, wenn $T(x) \geqq 0$ ist.
> Der Betrag eines Terms $T(x)$ ist $-T(x)$, wenn $T(x) < 0$ ist.

Noch einfacher wird die ganze Angelegenheit, wenn wir den Fachausdruck „Term $T(x)$“ einfach durch das Zeichen $\ast$ ersetzen und das Zeichen $\ast$ schlicht „ebbes“ (für alle, die nicht in Süddeutschland leben: „etwas“) aussprechen.

> *Definition des Betrages:*
>
> $$|\ast| = \begin{cases} \ast & \text{für } \ast \geqq 0 \\ -\ast & \text{für } \ast < 0 \end{cases}$$

Die Formelsammlung kann auch manchmal nützlich sein! Sie finden dort die folgende Definition des Betrages:

$$|x| = \begin{cases} x & \text{für } x \geqq 0 \\ -x & \text{für } x < 0 \end{cases}$$

Ersetzen Sie nun in dieser Definition das Zeichen x durch $\not{x}$, dann haben Sie einen echten *„Problemlöser"*, mit dem Sie *alle* Beträge schrittweise lösen können!

Beispiel 1

Der Term $|x-3|$ soll ohne Betragsstriche abschnittsweise erklärt werden.

1. Schritt: Wir murmeln vor uns hin und wenden die obige Definition mit $\not{x} = x - 3$ an:

$$|x-3| = \begin{cases} x-3 & \text{für } x-3 \geqq 0 \\ -(x-3) & \text{für } x-3 < 0 \end{cases}$$

2. Schritt: Wir lösen die Minusklammer und vereinfachen die angegebenen Bedingungen:

$$|x-3| = \begin{cases} x-3 & \text{für } x \geqq 3 \\ -x+3 & \text{für } x < 3 \end{cases}$$

Die geometrische Lösung des Betrages ist in der Figur 9 dargestellt: Der *unterhalb* der x-Achse liegende Teil der Geraden $y = x - 3$ wird durch das Betragszeichen nach oben gespiegelt oder positiviert. Dies gilt nicht nur in diesem Beispiel, sondern ganz allgemein. Nur die Banken weigern sich, das Wort „Betrag" im mathematischen Sinn zu verwenden!

Figur 9

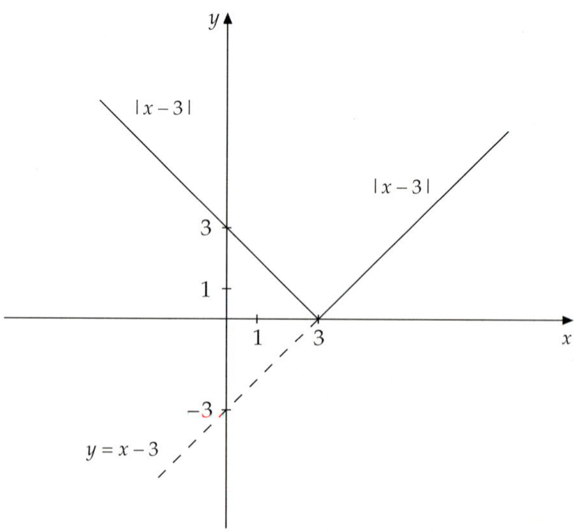

Der Term $|x^2 - x - 6|$ soll ohne Betragsstriche abschnittsweise erklärt werden. **Beispiel 2**

1. Schritt: Definition mit ӿ anwenden!

$$|x^2 - x - 6| = \begin{cases} x^2 - x - 6 & \text{für } x^2 - x - 6 \geqq 0 \\ -(x^2 - x - 6) & \text{für } x^2 - x - 6 < 0 \end{cases}$$

Die Lösungsmengen für die Ungleichungen $x^2 - x - 6 \geqq 0$ bzw. $x^2 - x - 6 < 0$ bestimmen wir nun wie in Kapitel 5.1 (Quadratische Ungleichungen), indem wir die zugeordnete Parabel $y = x^2 - x - 6$ mit den Nullstellen $x = -2$ und $x = 3$ zeichnen. In Figur 10 können wir dann die Lösungsmengen für $y \geqq 0$ bzw. für $y < 0$ einfach ablesen.

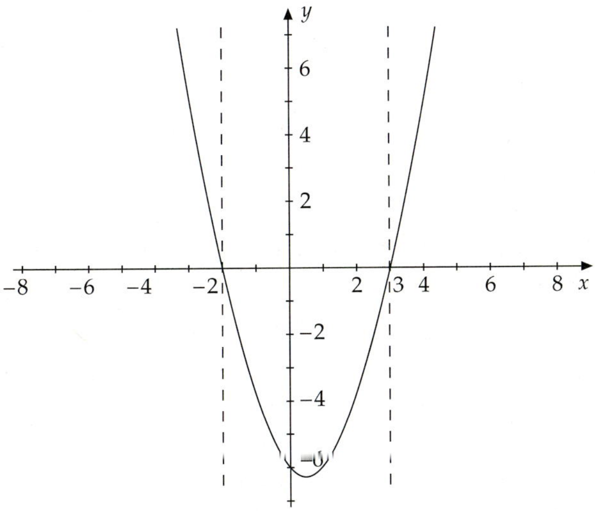

Figur 10

Damit erhalten wir schließlich als Lösung:

$$|x^2 - x - 6| = \begin{cases} x^2 - x - 6 & \text{für } x \leqq -2 \text{ oder } x \geqq 3 \\ -x^2 + x + 6 & \text{für } -2 < x < 3 \end{cases}$$

Der Term $|5 - |x||$ soll abschnittsweise ohne Betragsstriche erklärt werden. **Beispiel 3**

1. Schritt: Definition mit ӿ anwenden!

$$|5 - |x|| = \begin{cases} 5 - |x| & \text{für } 5 - |x| \geqq 0 \\ -5 + |x| & \text{für } 5 - |x| < 0 \end{cases}$$

Wir vereinfachen nun die angegebenen Bedingungen:

$$\begin{array}{ll} 5 - |x| \geqq 0 & 5 - |x| < 0 \\ |x| \leqq 5 & |x| > 5 \\ -5 \leqq x \leqq 5 & x < -5 \text{ oder } x > 5 \end{array}$$

Damit gilt zunächst:

$$|5-|x||=\begin{cases}5-|x| & \text{für } -5 \leqq x \leqq 5\\ -5+|x| & \text{für } x<-5 \text{ oder } x>5\end{cases}$$

Auf der rechten Seite müssen wir nun noch $|x|$ unter den angegebenen Bedingungen lösen:

$$5-|x|=\begin{cases}5-x & \text{für } x \geqq 0 \wedge -5 \leqq x \leqq 5\\ 5+x & \text{für } x<0 \wedge -5 \leqq x \leqq 5\end{cases}$$

also:

$$5-|x|=\begin{cases}5-x & \text{für } 0 \leqq x \leqq 5\\ 5+x & \text{für } -5 \leqq x<0\end{cases}$$

$$-5+|x|=\begin{cases}-5+x & \text{für } x \geqq 0 \wedge (x<-5 \text{ oder } x>5)\\ -5-x & \text{für } x<0 \wedge (x<-5 \text{ oder } x>5)\end{cases}$$

also:

$$-5+|x|=\begin{cases}-5+x & \text{für } x>5\\ -5-x & \text{für } x<-5\end{cases}$$

Vernünftig angeschrieben lautet die Lösung:

$$|5-|x||=\begin{cases}-5-x & \text{für } x<-5\\ 5+x & \text{für } -5 \leqq x<0\\ 5-x & \text{für } 0 \leqq x \leqq 5\\ -5+x & \text{für } x>5\end{cases}$$

Verfolgen Sie in Figur 11, wie die geometrische Lösung der Aufgabe aussieht:

Figur 11

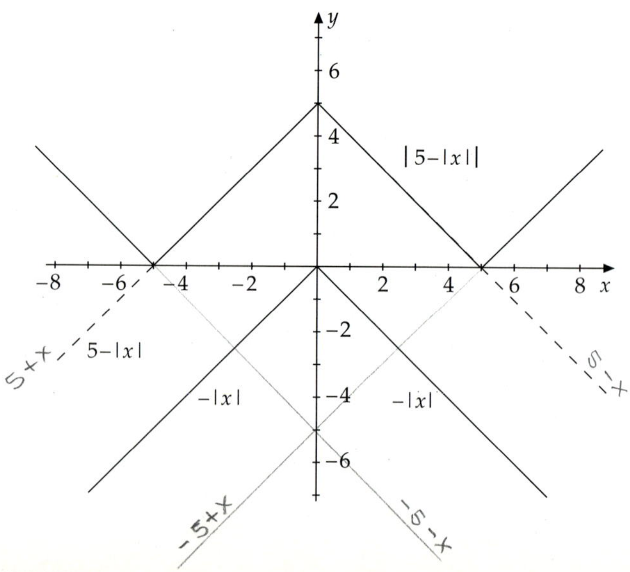

1. Wir zeichnen den Verlauf von $-|x|$.

2. Wir erhalten den Verlauf von $5-|x|$, indem wir den Graphen von $-|x|$ um 5 Einheiten nach oben schieben.

3. Den Verlauf von $|5-|x||$ erhalten wir nun, indem wir alle Punkte von $5-|x|$, die oberhalb und auf der x-Achse liegen, fest lassen und alle Punkte von $5-|x|$, die unterhalb der x-Achse liegen, nach oben spiegeln.

Bei der Lösung durch Rechnung haben wir folgende Regeln verwendet:

Ist $\ast$ ein Term und $a > 0$, dann gilt:

$|\ast| < a \Leftrightarrow -a < \ast < a \Leftrightarrow \ast < a$ und zugleich $\ast > -a$

$|\ast| = a \Leftrightarrow \ast = a$ oder $\ast = -a$

$|\ast| > a \Leftrightarrow \ast < -a$ oder $\ast > a$

Am einfachsten merken Sie sich folgendes Musterbeispiel:

$|x| < 3$ beschreibt alle Zahlen, die von 0 aus gesehen *weniger* als 3 Einheiten entfernt sind. Die Ungleichungskette $-3 < x < 3$ ist zwar richtig, aber die Konjunktion ($\wedge$ „und zugleich") ist beim Lösen von Ungleichungen günstiger, da sie auf den *Durchschnitt* der Einzellösungsmengen führt.

$|x| < 3 \Leftrightarrow x < 3 \wedge x > -3$

$|x| = 3$ beschreibt alle Zahlen, die von 0 aus gesehen *genau* 3 Einheiten entfernt sind, also $x = 3$ und $x = -3$.

$|x| > 3$ beschreibt alle Zahlen, die von 0 aus gesehen *mehr* als 3 Einheiten entfernt sind. Diese Zahlen können durch die Disjunktion ($\vee$ „oder") $x > 3 \vee x < -3$ beschrieben werden. Das Zeichen $\vee$, welches die beiden Fälle trennt, führt dann auf die *Vereinigung* der Einzellösungsmengen.

Gerade „trockene" Kapitel der Mathematik führen bei Schülern oft zu lustigen Merkregeln, die für sie einleuchtender sind als die Definitionen. So sagte ein Schüler: „Das ist doch ganz einfach. Unter $|x| < 3$ stelle ich mir Schafe auf einer Weide vor. Für $|x| > 3$ denke ich mir Wölfe außerhalb der Weide und $|x| = 3$ ist dann einfach der Schäfer und sein Hund auf der Grenze der Weide!"

Rechenregeln für Beträge

1. Der Betrag eines Produktes ist gleich dem Produkt der Beträge.

   $|ab| = |a| \cdot |b|$

2. Der Betrag eines Quotienten (Nenner $\neq 0$) ist gleich dem Quotienten der Beträge:

   $\left|\frac{a}{b}\right| = \frac{|a|}{|b|}$

3. Für viele Beweise wird die „Dreiecksungleichung“

   $|a \pm b| \leqq |a| + |b|$ benötigt.

Die Bezeichnung erinnert an die Ungleichung $|\vec{a} + \vec{b}| \leqq |\vec{a}| + |\vec{b}|$ über Beträge von Vektoren und besagt, dass im Dreieck eine Seite nie länger als die Summe der anderen beiden Seiten sein kann.

Zum Abschluss rechnen wir noch ein Beispiel vor, in dem zwei verschiedene Beträge additiv auftreten.

Zu bestimmen ist die Lösungsmenge der Ungleichung:

$|1 - 2x| + 2x \leqq |x + 6|$

Hier müssen die Beträge durch Fallunterscheidungen gelöst werden!

1. Fall: $1 - 2x \geqq 0 \;\wedge\; x + 6 \geqq 0$

$x \leqq \frac{1}{2} \;\wedge\; x \geqq -6 \qquad D_1 = \left\{x \mid -6 \leqq x \leqq \frac{1}{2}\right\}$

Ungleichung: $1 - 2x + 2x \leqq x + 6$

$x \geqq -5 \qquad L_1 = \left\{x \mid -5 \leqq x \leqq \frac{1}{2}\right\}$

2. Fall: $1 - 2x \geqq 0 \;\wedge\; x + 6 < 0$

$x \leqq \frac{1}{2} \;\wedge\; x < -6 \qquad D_2 = \{x \mid x < -6\}$

Ungleichung: $1 - 2x + 2x \leqq -x - 6$

$x \leqq -7 \qquad L_2 = \{x \mid x \leqq -7\}$

3. Fall: $1 - 2x < 0 \;\wedge\; x + 6 \geqq 0$

$x > \frac{1}{2} \;\wedge\; x \geqq -6 \qquad D_3 = \left\{x \mid x > \frac{1}{2}\right\}$

Ungleichung: $-1 + 2x + 2x \leqq x + 6$

$$x \leqq \frac{7}{3} \qquad L_3 = \left\{ x \mid \frac{1}{2} < x \leqq \frac{7}{3} \right\}$$

4. Fall: $1 - 2x < 0 \ \wedge\ x + 6 < 0$

$$x > \frac{1}{2} \ \wedge \ x < -6 \qquad D_4 = \emptyset \text{ (leere Menge)}$$

$$L_4 = \emptyset$$

Da die vier Fälle durch „oder" unterschieden wurden, müssen jetzt die Einzellösungsmengen vereinigt werden!

$$L = L_1 \cup L_2 \cup L_3 \cup L_4 = \left\{ x \mid x \leqq -7 \vee -5 \leqq x \leqq \frac{7}{3} \right\}$$

Aufgabe 17

Bestimmen Sie jeweils die Definitions- und Lösungsmenge für folgende Ungleichungen:

17.1 $\frac{11}{x-3} + 3 < x + \frac{5}{3-x}$

17.2 $\frac{3}{x+3} < \frac{2}{x+1}$

17.3 $\frac{3x-1}{2x+2} + \frac{x-1}{3x+3} < \frac{7x-3}{4x+4}$

17.4 $\frac{3x+5}{3x-6} - \frac{2x-1}{2x+4} < \frac{6x+2}{x^2-4}$

17.5 $|(x+2)(x-1)| < 4$

17.6 $|(x-3)(x+1)| > 5$

17.7 $\left| \frac{x-1}{x+4} \right| > 6$

17.8 $\left| \frac{x+3}{x-2} \right| < 3$

Aufgabe 18

Gegeben ist der Term $f(x) = \frac{|x^2 - 1|}{|x| - 1}$

18.1 Bestimmen Sie die Definitionsmenge D_f des Terms $f(x)$ und stellen Sie den Term $f(x)$ abschnittsweise ohne Beträge dar.

18.2 Skizzieren Sie in einem Koordinatensystem den graphischen Verlauf des Terms $f(x)$ unter Verwendung der betragsfreien Darstellung von $f(x)$.

6. Konvergente Zahlenfolgen

Jede mathematische Disziplin (Geometrie; Mengenlehre) hat ihre charakteristischen Schlussweisen. In der Analysis wird immer wieder der folgende Schluss, die sogenannte Epsilontik (nach ε: griech. Buchstabe) angewandt: Wenn sich der absolute Betrag der Differenz zweier Zahlen beliebig klein machen lässt, dann sind beide Zahlen gleich. Beispiel: $0{,}999\ldots = 1$.

6.1 Nullfolgen

Folgen wir dem Rat des berühmten David HILBERT (1862–1943), der zu sagen pflegte: „Immer mit den ganz einfachen Beispielen anfangen."

Für die Zahlenfolge $1; \frac{1}{2}; \frac{1}{3}; \frac{1}{4}; \ldots; \frac{1}{n}; \ldots$ liegt es nahe zu sagen, dass sie gegen 0 strebt, wenn n gegen ∞ strebt.

Für einen Mathematiker ist diese umgangssprachliche Feststellung zu ungenau. Er wird daher versuchen, die obige Aussage mit mathematischen Begriffen präzise zu definieren.

Wenn wir die Zahlenfolge immer weiter fortsetzen, so werden die Glieder kleiner und kleiner. Ab $n = 100$ sind alle folgenden Glieder kleiner als $\frac{1}{100}$, ab $n = 1000$ kleiner als 0,001 und so weiter. Keines der Folgenglieder ist jemals genau gleich 0, aber wenn wir genügend weit in der Folge gehen, können wir sicher sein, dass die einzelnen Glieder sich dann beliebig wenig von 0 unterscheiden.

Wie weit ist aber *„genügend weit"* und wie wenig ist *„beliebig wenig"*? Diese Begriffsbildungen können zur Falle werden! Denken Sie an ein Wesen, das allmächtig ist. Dieses Wesen ist dann genügend mächtig, sich in eine Höhle zu setzen und vor dem Eingang einen Felsen zu schaffen, der so groß ist, dass es ihn nicht mehr beseitigen kann. Also wäre es nicht mehr allmächtig!

Die geometrische Veranschaulichung der Zahlenfolge $n \to \frac{1}{n}$ in einem Koordinatendiagramm wird uns weiterhelfen.

Für $\varepsilon = 5$ liegen sicher alle Glieder $a_n = \frac{1}{n}$ innerhalb des Intervalles $]-5; 5[$.

In der Figur 12 wurde $\varepsilon = 0{,}4$ gewählt. Jetzt liegen nur die Glieder $a_1 = 1$ und

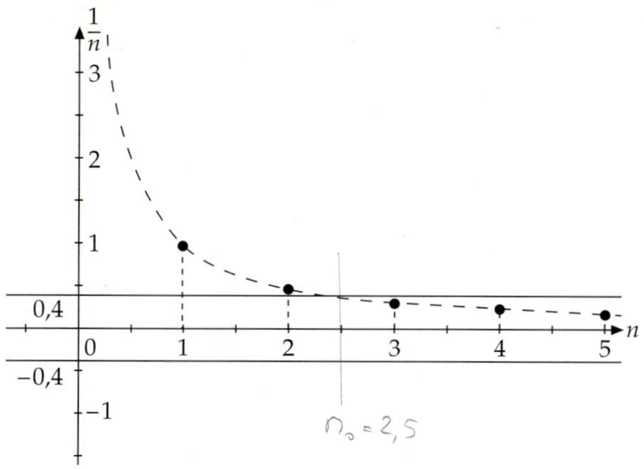

Figur 12

$a_2 = \frac{1}{2}$ außerhalb des Intervalles $]-0{,}4;\ 0{,}4[$. Alle Glieder von a_3 an, also $\frac{1}{3}; \frac{1}{4}; \ldots$, liegen jetzt im Intervall der Breite $2 \cdot \varepsilon = 0{,}8$. Für $\varepsilon = 0{,}001$ liegen die ersten tausend Glieder nicht im Intervall $]-\varepsilon; \varepsilon[$, während alle folgenden Glieder $a_{1001}; a_{1002}; \ldots$ innerhalb des Intervalles liegen. Diese Überlegungen gelten für jede positive Zahl ε. Wie klein wir auch diese Zahl ε wählen, wir können immer eine natürliche Zahl n_0 berechnen, die so groß ist, dass $\frac{1}{n_0} < \varepsilon$ wird. Jetzt liegen alle Glieder a_n mit $n > n_0$ im Intervall $]-\varepsilon; \varepsilon[$. Die **Indexschwelle** n_0 kann im Beispiel berechnet werden:

Aus $\frac{1}{n_0} < \varepsilon$ folgt $1 < \varepsilon \cdot n_0$, also: $n_0 > \frac{1}{\varepsilon}$.

Die frühere Aussage, dass sich die Glieder der Folge **beliebig wenig** von 0 unterscheiden, wenn wir die Folge nur **genügend weit** fortsetzen, ist nun mathematisch präzise fassbar:

Können wir nach Vorgabe einer beliebig kleinen positiven Zahl ε eine natürliche Zahl n_0 (Gliednummer; Indexschwelle) so berechnen, dass alle Glieder $a_n = \frac{1}{n}$ für $n > n_0$ im Intervall $]-\varepsilon; \varepsilon[$ liegen, dann streben die Folgenglieder gegen null.

Definition der Nullfolge

Eine Zahlenfolge (a_n) heißt *Nullfolge* oder konvergent zum Grenzwert 0, wenn es zu jedem $\varepsilon > 0$ ein Glied mit der Platzziffer n_0 gibt, sodass für $n > n_0$ gilt:

$-\varepsilon < a_n < \varepsilon$ bzw. $|a_n| < \varepsilon$

Es ist zu untersuchen, ob die Zahlenfolge (a_n) mit $a_n = \sqrt{n+1} - \sqrt{n}$ eine Nullfolge ist, d.h. ob $\lim\limits_{n \to \infty} a_n = 0$ ist.

Unter Verwendung der Umformung $a - b = \dfrac{(a-b)(a+b)}{a+b} = \dfrac{a^2 - b^2}{a+b}$ erhalten wir, da $a_n > 0$ ist:

$$|a_n| = \sqrt{n+1} - \sqrt{n} = \frac{(\sqrt{n+1} - \sqrt{n})(\sqrt{n+1} + \sqrt{n})}{\sqrt{n+1} + \sqrt{n}} = \frac{n+1-n}{\sqrt{n+1} + \sqrt{n}} =$$

$$= \frac{1}{\sqrt{n+1} + \sqrt{n}} < \frac{1}{\sqrt{n}}$$

Aus der Bedingung $\dfrac{1}{\sqrt{n}} < \varepsilon$ folgt dann $n > \dfrac{1}{\varepsilon^2}$.

Wählen wir z.B. $\varepsilon = 0{,}1$, dann ist $n > 100$. Eine mögliche Indexschwelle ist daher $n_0 = 100$. Diese Zahl n_0 ist aber nicht die kleinstmögliche Indexschwelle, da unsere Ungleichung eine grobe Abschätzung darstellt, mit der wir weit auf der sicheren Seite liegen. Mit dem Taschenrechner kommen wir zu einer Wertetabelle, der wir entnehmen können, dass $n_0 = 24$ die kleinste Indexschwelle ist.

6.2 Zahlenfolgen mit Grenzwert $a \neq 0$

Wir berechnen für die Zahlenfolge (a_n) mit $a_n = \dfrac{2n+1}{n}$ die ersten acht Glieder:

$$3;\ \frac{5}{2};\ \frac{7}{3};\ \frac{9}{4};\ \frac{11}{5};\ \frac{13}{6};\ \frac{15}{7};\ \frac{17}{8}.$$

Es liegt die Vermutung nahe, dass sich die Glieder der Folge mit wachsendem n immer mehr der Zahl 2 annähern. Wir können auch sagen, dass der Unterschied zwischen a_n und der Zahl 2 mit wachsendem n beliebig klein wird.

Um diese Vermutung zu bestätigen, wählen wir eine beliebige positive Zahl $\varepsilon > 0$ und betrachten das Intervall $]2 - \varepsilon; 2 + \varepsilon[$, das wir auch eine *$\varepsilon$-Umgebung* von 2 nennen.

Wir verlangen nun, dass von einer Stelle n_0 an (Indexschwelle n_0) alle weiteren Glieder mit $n > n_0$ in der ε-Umgebung von 2 liegen.

Damit gelten die beiden Ungleichungen $a_n > 2 - \varepsilon$ und $a_n < 2 + \varepsilon$. Schreiben wir dafür $-\varepsilon < a_n - 2$ und $a_n - 2 < \varepsilon$, dann können wir die Ungleichungskette $-\varepsilon < a_n - 2 < \varepsilon$ durch die Betragsungleichung $|a_n - 2| < \varepsilon$ für $n > n_0$ ersetzen.

Die Zusammenfassung der Ungleichungskette in eine Betragsungleichung verstehen Sie leichter, wenn Sie an das Musterbeispiel $-3 < x \wedge x < 3 \Leftrightarrow |x| < 3$ denken!

Für den Fall, dass sich die Glieder a_n einer Folge für $n > n_0$ von einer festen Zahl a beliebig wenig unterscheiden, führt man in der Mathematik den Begriff **Grenzwert** ein.

Grenzwert einer Folge

Die Zahl a heißt Grenzwert der Folge (a_n), wenn für $\varepsilon > 0$ gilt:

$|a_n - a| < \varepsilon$ für alle $n > n_0$

Man schreibt: $\lim\limits_{n \to \infty} a_n = a$ oder kurz: $(a_n) \to a$ und liest:

„Der Limes von a_n für n gegen ∞ ist a."

Der Nachweis besteht also darin, zu zeigen, dass nach Vorgabe eines beliebigen $\varepsilon > 0$ eine Indexschwelle n_0 berechnet werden kann.

Wir setzen $a_n = \frac{2n+1}{n}$ in die Betragsungleichung der Definition ein und formen dann um:

$$\left|\frac{2n+1}{n} - 2\right| < \varepsilon; \quad \left|\frac{2n+1-2n}{n}\right| < \varepsilon; \quad \left|\frac{1}{n}\right| < \varepsilon$$

Da nun $\frac{1}{n}$ positiv ist, entfallen die Betragsstriche und aus $\left|\frac{1}{n}\right| = \frac{1}{n} < \varepsilon$ folgt $n > \frac{1}{\varepsilon}$.

Jetzt können wir nach Vorgabe von $\varepsilon > 0$ die Indexschwelle n_0 immer berechnen!

$$\varepsilon = 0{,}01; \quad n > \frac{1}{0{,}01} = 100; \quad n_0 = 100$$

$$\varepsilon = 0{,}001; \quad n > \frac{1}{0{,}001} = 1000; \quad n_0 = 1000$$

Zahlenfolgen, die genau einen Grenzwert (Häufungswert) besitzen, heißen **konvergente Zahlenfolgen.** Der französische Mathematiker Augustin Louis CAUCHY (1789–1857) hat die folgende präzise Definition gegeben:

> *Definition der konvergenten Zahlenfolge*
>
> Eine Zahlenfolge (a_n) heißt konvergent zum Grenzwert a, wenn es zu jedem $\varepsilon > 0$ ein Glied mit der Platzziffer n_0 gibt, sodass für jedes Glied mit einer Platzziffer $n > n_0$ gilt: $|a_n - a| < \varepsilon$
>
> Ist $a = 0$, dann heißt (a_n) eine *Nullfolge.*

Diese Definition ist leichter in der folgenden Form zu merken:

Jede Zahlenfolge (a_n) mit dem Grenzwert a lässt sich in eine **Nullfolge** (b_n) verwandeln, wenn man von allen ihren Gliedern den Grenzwert a subtrahiert, also die Folge $(b_n) = (a_n - a)$ betrachtet.

Bemerkung:

Der Inhalt der obigen Definition der konvergenten Zahlenfolge (a_n) mit dem Grenzwert a kann anschaulich wie folgt beschrieben werden:

Für $n > n_0$ gilt $|a_n - a| < \varepsilon \Leftrightarrow a - \varepsilon < a_n < a + \varepsilon$

Bezeichnen wir nun das Intervall $]a - \varepsilon, a + \varepsilon[$ als ε-Umgebung der Stelle a und nennen es $U_\varepsilon(a)$, dann können wir sagen:

Die Zahlenfolge (a_n) hat den Grenzwert a, wenn außerhalb jeder ε-Umgebung von a nur endlich viele Glieder a_n liegen und alle a_n mit $n > n_0$ im Innern dieser ε-Umgebung von a liegen.

Man sagt dafür kurz: In jeder $U_\varepsilon(a)$ liegen „fast alle" Glieder der Folge (a_n).

6.2.1 Grenzwertsätze

Sind die Zahlenfolgen (a_n) und (b_n) jeweils konvergente Zahlenfolgen mit $(a_n) \to a$ und $(b_n) \to b$, dann können neue Zahlenfolgen aus ihnen gebildet werden, indem man jeweils die Folgenglieder mit der Platzziffer n addiert, subtrahiert, multipliziert oder dividiert.

Wir erhalten so die **Summenfolge** $(a_n + b_n)$, die **Differenzenfolge** $(a_n - b_n)$, die **Produktfolge** $(a_n \cdot b_n)$ und die **Quotientenfolge** $(a_n : b_n)$, bei der wir $b_n \neq 0$ verlangen.

Diese neuen Zahlenfolgen sind dann ebenfalls konvergent und ihre Grenzwerte können einfach aus den ursprünglichen Grenzwerten a und b ermittelt werden. Dies ist der Inhalt der folgenden Grenzwertsätze:

Mit $(a_n) \to a$ und $(b_n) \to b$ gilt auch:

$(a_n + b_n) \to a + b$ $\qquad$ $(a_n - b_n) \to a - b$

$(a_n \cdot b_n) \to a \cdot b$ $\qquad$ $(a_n : b_n) \to \frac{a}{b}$ $\quad (b_n \neq 0,\ b \neq 0)$

Beweis für $(a_n \pm b_n)$:

Da $\varepsilon > 0$ eine beliebige positive Zahl ist, können wir für die Folgen (a_n) und (b_n) auch jeweils $\frac{\varepsilon}{2}$ wählen. Die Begründung für diese Wahl liegt nur darin, dass man am Ende der Rechnungen und Abschätzungen $\frac{\varepsilon}{2} + \frac{\varepsilon}{2} = \varepsilon$ erhalten möchte. Sind n_1 und n_2 die zugehörigen Indexschwellen, dann gilt:

$$|a_n - a| < \frac{\varepsilon}{2} \quad \text{für } n > n_1 \quad \text{und} \quad |b_n - b| < \frac{\varepsilon}{2} \quad \text{für } n > n_2$$

Wenn wir nun mit n_0 die größere der beiden Zahlen n_1 und n_2 wählen, dann sind mit Sicherheit beide Ungleichungen erfüllt und es gilt für alle $n > n_0$:

$$|(a_n \pm b_n) - (a \pm b)| = |(a_n - a) \pm (b_n - b)| \leqq |a_n - a| + |b_n - b| < \frac{\varepsilon}{2} + \frac{\varepsilon}{2} = \varepsilon$$

Bei der Abschätzung wurde die **Dreiecksungleichung** aus Kapitel 5.2 verwendet.

Aus $|(a_n \pm b_n) - (a \pm b)| < \varepsilon$ für alle $n > n_0$ folgt nun die Konvergenz $(a_n \pm b_n) \to a \pm b$.

Beispiele für die Anwendung der Grenzwertsätze:

1. $\lim\limits_{n \to \infty} \frac{2n + 3}{n^2} = \lim\limits_{n \to \infty} \left(\frac{2}{n} + \frac{3}{n^2}\right) = \lim\limits_{n \to \infty} \frac{2}{n} + \lim\limits_{n \to \infty} \frac{3}{n^2} = 0 + 0 = 0$

2. $\lim\limits_{n \to \infty} \frac{2n^3 - 3n}{n^3} = \lim\limits_{n \to \infty} \left(2 - \frac{3}{n^2}\right) = 2 - \lim\limits_{n \to \infty} \frac{3}{n^2} = 2 - 0 = 2$

3. $\lim\limits_{n\to\infty} \frac{5n+7}{n^2} = \lim\limits_{n\to\infty} \left(\frac{5n+7}{n} \cdot \frac{1}{n}\right) = \lim\limits_{n\to\infty} \left(5 + \frac{7}{n}\right) \cdot \lim\limits_{n\to\infty} \frac{1}{n} = 5 \cdot 0 = 0$

4. $\lim\limits_{n\to\infty} \frac{1}{2n+3} = \lim\limits_{n\to\infty} \frac{\frac{1}{n}}{2+\frac{3}{n}} = \frac{\lim\limits_{n\to\infty} \frac{1}{n}}{\lim\limits_{n\to\infty}\left(2+\frac{3}{n}\right)} = \frac{0}{2} = 0$

Für konvergente Zahlenfolgen gilt der folgende Satz:

Der Grenzwert einer konvergenten Zahlenfolge ist eindeutig bestimmt.

Beweis durch Widerspruch:

Annahme: $(a_n) \to a$ und $(a_n) \to b$ mit $a \neq b$

bzw.: $(a_n - a) \to 0$ und $(a_n - b) \to 0$

Nach dem Grenzwertsatz über die Differenzenfolge aus zwei konvergenten Zahlenfolgen gilt dann:

$((a_n - a) - (a_n - b)) \to 0$

$(a_n - a_n + b - a) \to 0$

$(b - a) \to 0$

Die Zahlenfolge $(b - a)$ mit dem konstanten Glied $b - a$ kann aber nur dann eine Nullfolge sein, wenn $b = a$ ist. Dies ist aber ein Widerspruch zur Voraussetzung $a \neq b$.

Die Annahme $(a_n) \to a$ und $(a_n) \to b$ mit $a \neq b$ ist als falsch nachgewiesen und die Negation der Annahme ist wahr, d.h., der Grenzwert einer konvergenten Zahlenfolge ist eindeutig bestimmt.

6.3 Monotone Zahlenfolgen

Definition:

Eine Zahlenfolge (a_n) heißt **monoton steigend,** wenn die Ungleichung $a_{n+1} \geqq a_n$ für alle n gilt. oder $a_{n-1} < a_n$

Entsprechend heißt die Zahlenfolge (b_n) **monoton fallend,** wenn $b_{n+1} \leqq b_n$ für alle n gilt. oder $b_{n-1} > b_n$

Gilt in der Definition *nur* das Anordnungszeichen, also $a_{n+1} > a_n$ bzw. $b_{n+1} < b_n$ für alle n, dann heißt (a_n) **streng monoton steigend** bzw. (b_n) **streng monoton fallend.**

Bei der praktischen Durchführung der Untersuchung auf Monotonie kann man entweder die *Differenz* $a_{n+1} - a_n$ ansetzen und gegen 0 abschätzen oder den *Quotienten* $(a_{n+1}) : (a_n)$ verwenden, der dann gegen 1 abzuschätzen ist.

od. $\frac{a_n}{a_{n-1}} > 1$

Die Folge (a_n) mit $a_n = \frac{n}{2n+1}$ ist auf Monotonie zu untersuchen.

$$a_{n+1} - a_n = \frac{n+1}{2(n+1)+1} - \frac{n}{2n+1} = \frac{n+1}{2n+3} - \frac{n}{2n+1} =$$

$$= \frac{(n+1)(2n+1) - n(2n+3)}{(2n+3)(2n+1)} = \frac{2n^2 + n + 2n + 1 - 2n^2 - 3n}{(2n+3)(2n+1)} =$$

$$= \frac{1}{(2n+3)(2n+1)} > 0$$

Aus $a_{n+1} - a_n > 0$ erhalten wir: $a_{n+1} > a_n$ für alle n und die Folge (a_n) ist streng monoton steigend.

Ansatz mit dem Quotienten:

$$\frac{a_{n+1}}{a_n} = \frac{(n+1)(2n+1)}{(2n+3)\,n} = \frac{2n^2 + n + 2n + 1}{2n^2 + 3n} = \frac{2n^2 + 3n + 1}{2n^2 + 3n} = 1 + \frac{1}{2n^2 + 3n} > 1$$

Meist weiß man erst nach den Berechnungen, welcher Weg schneller zum Erfolgt führt!

Beschränkte Zahlenfolgen 6.4

Wir untersuchen zunächst in Beispielen, ob die Glieder von Zahlenfolgen beliebig große positive Werte oder beliebig kleine negative Werte annehmen können.

(a_n): $a_n = \frac{1}{n}$ mit n aus $\mathbb{N}$

(a_n): $1, \frac{1}{2}, \frac{1}{3}, \frac{1}{4}, \ldots$

Beispiel 1

Alle Folgenglieder liegen im Intervall $]0; 1]$.

Daher gilt: $0 < a_n$ und $a_n \leqq 1$ für alle n.

Die Folge (a_n) heißt wegen $a_n \leqq 1$ nach oben beschränkt und wegen $0 < a_n$ auch nach unten beschränkt.

Wählen wir für die obere Schranke $S = 1$, dann ist wegen $a_n \leqq 1$ auch jede Zahl, die größer als 1 ist, eine obere Schranke. Wählen wir für die untere Schranke $s = 0$, dann ist wegen $0 < a_n$ auch jede Zahl, die kleiner als 0 ist, eine untere Schranke für die Zahlenfolge (a_n).

Beispiel 2 (b_n): $b_n = (n + 1)^2$ mit n aus $\mathbb{N}$

(b_n): 4, 9, 16, 25, 36, …

Die Folge (b_n) ist nach unten beschränkt ($s = 4$), aber nach oben nicht beschränkt.

Beispiel 3 (c_n): $c_n = (-1)^n \cdot 5$ mit n aus $\mathbb{N}$

(c_n): – 5, 5, – 5, 5, – 5, …

Die Folge (c_n) ist nach oben ($S = 5$) und nach unten ($s = -5$) beschränkt.

Beispiel 4 (d_n): $d_n = (-1)^n \cdot \frac{2}{n}$ mit n aus $\mathbb{N}$

(d_n): $-2, 1, -\frac{2}{3}, \frac{1}{2}, -\frac{2}{5}, \frac{1}{3}, -\frac{2}{7}, \ldots$

Die Folge (c_n) ist nach unten ($s = -2$) und nach oben ($S = 1$) beschränkt.

Die Beispiele geben Anlass zu folgenden Definitionen:

Eine Zahlenfolge (a_n) heißt **nach oben beschränkt,** wenn es eine Zahl S gibt, sodass $a_n \leqq S$ für alle n gilt.

Eine Zahlenfolge (a_n) heißt **nach unten beschränkt,** wenn es eine Zahl s gibt, sodass $a_n \geqq s$ für alle n gilt.

Eine Zahlenfolge (a_n) heißt **beschränkt,** wenn sie nach oben *und* unten beschränkt ist, d. h., es gilt $|a_n| \leqq S$ mit $S > 0$ für alle n.

Aufgabe 19 Gegeben ist die Folge (a_n) durch: $a_n = \frac{3-n}{2n-1}$ mit n aus $\mathbb{N}$

19.1 Untersuchen Sie die Folge (a_n) auf Monotonie.

19.2 Berechnen Sie: $\lim\limits_{n \to \infty} a_n = a$.

19.3 Begründen Sie unter Verwendung der Ergebnisse aus 19.1 und 19.2, dass die Folge (a_n) beschränkt ist.
Geben Sie die kleinste obere und die größte untere Schranke an.

19.4 Zeigen Sie unter Anwendung der Definition der Nullfolge, dass die Folge (b_n) mit $b_n = a_n - a$ eine Nullfolge ist.

19.5 Berechnen Sie in der folgenden Bedingung die Indexschwelle n_0 so, dass für $\varepsilon = 2,5 \cdot 10^{-5}$ gilt:

$|b_n| < \varepsilon$ für alle $n > n_0$.

Aufgabe 20

Gegeben ist die Folge (a_n) durch $a_n = \dfrac{4n}{3n-2}$ für n aus $\mathbb{N}$

20.1 Zeigen Sie, dass (a_n) streng monoton ist.

20.2 Berechnen Sie: $\lim\limits_{n \to \infty} a_n$.

20.3 Welche Konstante k muss man jeweils von den Gliedern a_n subtrahieren, damit eine Nullfolge $(b_n) = (a_n - k)$ entsteht? Wie lautet das allgemeine Glied b_n in der einfachsten Form?

20.4 Berechnen Sie die Indexschwelle n_0 so, dass $|b_n| < 10^{-4}$ für alle $n > n_0$ gilt.

Aufgabe 21

Gegeben ist die Zahlenfolge (c_n) durch $c_n = \dfrac{3n - n(-1)^n}{4n+2}$, n aus $\mathbb{N}$

Zeigen Sie, dass auch die aus der Folge (c_n) ausgewählten Teilfolgen mit geraden bzw. ungeraden Platzziffern einen Häufungswert haben.
Ist die Folge (c_n) eine konvergente Folge?

Ein Konvergenzkriterium 6.5

Für monoton wachsende oder fallende Zahlenfolgen gibt der folgende Satz Auskunft über die Konvergenz.

Jede monotone und beschränkte Zahlenfolge ist konvergent.

Wissen wir zum Beispiel, dass die Zahlenfolge (a_n) monoton steigend und nach oben beschränkt ist, dann muss diese Zahlenfolge (a_n) konvergent sein, also einen Grenzwert haben. Dieser Grenzwert ist nach dem obigen Satz gesichert, auch wenn wir ihn gar nicht angeben können.

Der Beweis des Satzes stützt sich wesentlich auf die Vollständigkeit der reellen Zahlen.

6.5.1 Die EULER'sche Zahl e

Wir untersuchen, ob die Zahlenfolge (a_n) mit $a_n = \left(1 + \frac{1}{n}\right)^n = \frac{(n+1)^n}{n^n}$ für $n \to \infty$ einen Grenzwert hat. Dazu werden wir nachweisen, dass diese Zahlenfolge (a_n) monoton steigend und nach oben beschränkt ist. Aus dem Satz von Kapitel 6.5 folgt dann die Existenz des Grenzwertes.

1. *Behauptung:* Die Folge (a_n) ist monoton steigend.

Für alle natürlichen Zahlen $n \geqq 2$ gilt:

$$\frac{a_n}{a_{n-1}} = \frac{(n+1)^n\,(n-1)^{n-1}}{n^n\,n^{n-1}} = \frac{(n+1)^n\,(n-1)^n\,n}{n^{2n}\,(n-1)} = \left(\frac{n^2-1}{n^2}\right)^n \cdot \frac{n}{n-1} =$$

$$= \left(1 - \frac{1}{n^2}\right)^n \cdot \frac{n}{n-1}$$

Wir verwenden nun die Ungleichung von BERNOULLI (vergleiche Kapitel 3: Vollständige Induktion, 4. Beispiel) und schätzen wie folgt ab:

$$\left(1 - \frac{1}{n^2}\right)^n > 1 - n \cdot \frac{1}{n^2} = 1 - \frac{1}{n} = \frac{n-1}{n}$$

Damit erhalten wir:

$$\frac{a_n}{a_{n-1}} > \frac{n-1}{n} \cdot \frac{n}{n-1} = 1; \quad \frac{a_n}{a_{n-1}} > 1; \quad a_n > a_{n-1} \quad \text{bzw.} \quad a_{n-1} < a_n$$

Die Folge (a_n) ist also monoton steigend!

2. *Behauptung:* Die Folge (a_n) ist nach oben beschränkt.

Für die neue Zahlenfolge (b_n) mit $b_n = \left(1 + \frac{1}{n}\right)^{n+1}$ erhalten wir nach analoger Rechnung wie oben für $n \geqq 2$ die Ungleichung $\frac{b_{n-1}}{b_n} > 1$ bzw.: $b_{n-1} > b_n$.

Die Folge (b_n) ist überraschenderweise monoton fallend!

Wegen $b_n = \left(1 + \frac{1}{n}\right)^n \cdot \left(1 + \frac{1}{n}\right) = a_n \cdot \left(1 + \frac{1}{n}\right)$ gilt für alle n die Ungleichung $b_n > a_n$ bzw.: $a_n < b_n$.

Da die Folge (b_n) monoton **fallend** ist, ist $b_1 = \left(1 + \frac{1}{1}\right)^2 = 4$ das größte Glied der Folge und wir können damit aus der Ungleichung $a_n < b_n$ schließen, dass $a_n < 4$ für alle n erfüllt ist.

Ergebnis:

Die Zahlenfolge (a_n) mit $a_n = \left(1 + \frac{1}{n}\right)^n$ ist monoton wachsend und nach oben beschränkt, also konvergent.

Der Grenzwert ist die EULER'sche Zahl e = 2,718 281 828 459 . . .

Bemerkung:

Die Zahl e wird sich später als Basis der natürlichen Logarithmen (ln; lat.: logarithmus naturalis) erweisen. $e^y = x \Leftrightarrow y = \ln x$, d.h., $\ln x$ ist diejenige Hochzahl, mit der man die Basis e potenzieren muss, um x zu erhalten.

Konvergente unendliche geometrische Reihen 6.6

In Kapitel 4.4 haben wir das Baugesetz für geometrische Zahlenfolgen kennen gelernt:

$a_1; \quad a_1 q; \quad a_1 q^2; \quad \ldots; \quad a_n = a_1 a^{n-1}; \quad \ldots$

Nach Vorgabe des Anfangsgliedes a_1 erhält man den Nachfolger, indem man den Vorgänger mit q multipliziert. So entsteht z. B. $a_5 = a_1 q^4$ und wir beachten, dass die Hochzahl von q immer um 1 kleiner ist als die Platzziffer des Folgengliedes.

Addieren wir nun die einzelnen Folgenglieder, so entsteht eine neue Folge von reellen Zahlen $s_1; s_2; s_3; \ldots$, die als **Teilsummen** oder **endliche Reihen** bezeichnet werden:

$$s_1 = a_1$$
$$s_2 = a_1 + a_1 q$$
$$s_3 = a_1 + a_1 q + a_1 q^2$$
$$\vdots$$
$$s_n = a_1 + a_1 q + a_1 q^2 + \ldots + a_1 q^{n-1}$$

Für die einzelnen endlichen Teilsummen haben wir in Kapitel 4.4.1 eine Summenformel hergeleitet:

$$s_n = a_1 \cdot \frac{1 - q^n}{1 - q} = \frac{a_1}{1 - q} - \frac{a_1 q^n}{1 - q}$$

Liegt eine **unendliche** geometrische Folge vor, so können wir untersuchen, unter welchen Voraussetzungen die Folge (s_n) der Teilsummen gegen einen Grenzwert konvergiert.

$$s = \lim_{n \to \infty} s_n = \lim_{n \to \infty} \left(a_1 \cdot \frac{1 - q^n}{1 - q}\right) = \frac{a_1}{1 - q} - \frac{a_1}{1 - q} \cdot \left(\lim_{n \to \infty} q^n\right)$$

Wir sehen in dieser Umformung, dass für die Existenz des Grenzwertes s nur der Grenzwert $\lim\limits_{n \to \infty} q^n$ entscheidend ist.

Für $-1 < q < 1$, also für $|q| < 1$ ist anschaulich klar, dass $\lim\limits_{n \to \infty} q^n = 0$ zu erwarten ist und dann gilt: $s = \lim\limits_{n \to \infty} s_n = \dfrac{a_1}{1 - q}$.

Wir können diese Vermutung aber auch beweisen!

Mit der positiven Zahl $h > 0$ folgt $|q| < 1$, wenn wir $|q| = \dfrac{1}{1 + h}$ setzen.

Wir erhalten damit zunächst:

$$|q^n| = |q|^n = \left(\frac{1}{1 + h}\right)^n = \frac{1}{(1 + h)^n}$$

Für $n \to \infty$ ist sicher $n \geqq 2$ erfüllt und wir können $(1 + h)^n$ mit der Ungleichung von BERNOULLI (vergleiche Kapitel 3: Induktionsbeweis, 4. Beispiel) abschätzen:

$$(1 + h)^n > 1 + nh$$

Verwenden wir nun diese Abschätzung in der obigen Rechnung, dann müssen wir beachten, dass wir den Nenner $(1 + h)^n$ durch den **kleineren** Ausdruck $1 + nh$ ersetzen, also dadurch den Wert des Bruches insgesamt vergrößern!

$$|q^n| = \frac{1}{(1 + h)^n} < \frac{1}{1 + nh} < \frac{1}{nh} \to 0 \text{ für } n \to \infty$$

Ergebnis:

Die unendliche geometrische Reihe $a_1 + a_1 q + a_1 q^2 + \ldots$ hat für $|q| < 1$ den Grenzwert $s = \dfrac{a_1}{1 - q}$

Mit dieser Formel erhalten wir erstaunliche Ergebnisse, die wir nicht unbedingt nachvollziehen können, aber akzeptieren müssen, da wir die Formel **bewiesen** haben.

Beispiel 1

Für die unendliche geometrische Folge mit $a_1 = 1$ und $q = \frac{1}{2}$, also für $1; \frac{1}{2}; \frac{1}{4}; \frac{1}{8}; \frac{1}{16}; \ldots$ ist die zugehörige unendliche geometrische Reihe $1 + \frac{1}{2} + \frac{1}{4} + \frac{1}{8} + \ldots$ wegen $q = \frac{1}{2}$ konvergent und hat den Grenzwert $s = \dfrac{1}{1 - \frac{1}{2}} = 2$

Dieses Ergebnis ist schwer zu verstehen, da schon die ersten vier Glieder einen Summenwert von 1,875 haben und noch beliebig viele positive Summanden hinzukommen, ohne jemals den Wert 2 zu erreichen!

Auch B. PEIRCE (1809–1880), Professor für Mathematik an der Harvard-Universität, fand für komplexe Zahlen eine Gleichung, die er nicht verstehen konnte und „absolut paradox" nannte, aber so sagte er: „Wir haben sie bewiesen und deshalb wissen wir, sie **muss** wahr sein."

Beispiel 2

In Kapitel 1.3.1 haben wir den unendlichen periodischen Dezimalbruch $12{,}0\overline{38}$ in einen Bruch umgewandelt. Jetzt können wir die rechnerische Begründung dafür erbringen:

$$12{,}0\overline{38} = 12 + \frac{38}{1000} + \frac{38}{100000} + \frac{38}{10000000} + \ldots\ldots$$

$$= 12 + \frac{38}{1000}\left(1 + \frac{1}{100} + \frac{1}{10000} + \ldots\ldots\right)$$

In der Klammer steht eine unendliche geometrische Reihe mit dem Anfangsglied $a_1 = 1$ und $q = \frac{1}{100}$, deren Summenwert wir berechnen können:

$$s = \frac{1}{1 - \frac{1}{100}} = \frac{100}{100 - 1} = \frac{100}{99}$$

Damit erhalten wir:

$$12{,}0\overline{38} = 12 + \frac{38}{1000} \cdot \frac{100}{99} = 12 + \frac{38}{990} = 12 + \frac{19}{495} = \frac{5959}{495}$$

Beispiel 3

In Kapitel 1.3.1 haben wir die Neunerperiode ausgeschlossen und 2,39999 … durch 2,4 ersetzt. Jetzt können wir auch dafür die rechnerische Begründung erbringen:

$$2{,}3\overline{9} = 2{,}3 + \frac{9}{100} + \frac{9}{1000} + \frac{9}{10000} + \ldots.$$

$$= 2{,}3 + \frac{9}{100}\left(1 + \frac{1}{10} + \frac{1}{100} + \ldots.\right)$$

In der Klammer steht eine unendliche geometrische Reihe mit $a_1 = 1$ und $q = \frac{1}{10}$, deren Summenwert wir berechnen können:

$$s = \frac{1}{1 - \frac{1}{10}} = \frac{10}{10 - 1} = \frac{10}{9}$$

Damit gilt:

$$2{,}3\overline{9} = 2{,}3 + \frac{9}{100} \cdot \frac{10}{9} = 2{,}3 + \frac{1}{10} = 2{,}3 + 0{,}1 = 2{,}4$$

Die reelle Funktion

7.

Die Funktion als Abbildung

7.1

In 4.1 wurde die Zahlenfolge als eindeutige Abbildung der Menge der natürlichen Zahlen $\mathbb{N}$ in die Menge der reellen Zahlen $\mathbb{R}$ beschrieben.

(a_n): $\mathbb{N} \to \mathbb{R}$; $n \to a_n$

(a_n): $\mathbb{N} \to \mathbb{R}$; $n \to a_n = \frac{1}{n}$

Das Koordinatendiagramm der Folge ist in Figur 13 dargestellt.

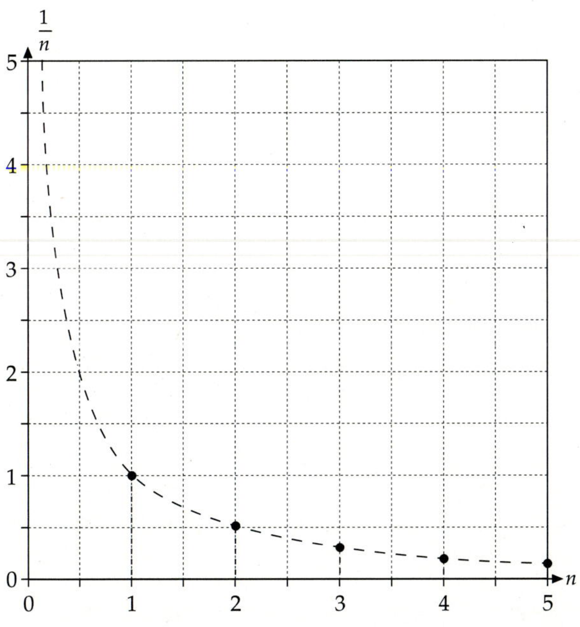

Figur 13

Wir heben nun die Beschränkung auf, dass nur den natürlichen Zahlen reelle Zahlen zugeordnet werden, indem wir die folgende Zuordnung untersuchen:

Jeder reellen Zahl x aus $\mathbb{R}\setminus\{0\}$ wird durch $x \to f(x) = \frac{1}{x}$ eindeutig eine reelle Zahl $f(x)$ zugeordnet.

Das Koordinatendiagramm dieser Zuordnung sehen Sie in Figur 14:

Figur 14

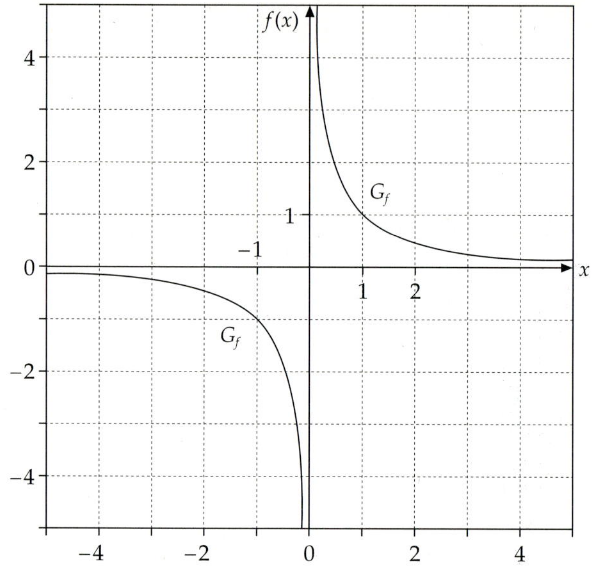

Für diese Zuordnung vereinbaren wir einige Redeweisen:

1. Die eindeutige Zuordnung zwischen den Elementen zweier Mengen ist durch die **Zuordnungsvorschrift** $x \to f(x) = \frac{1}{x}$ gegeben.
2. Die eindeutige Mengenabbildung selbst bekommt den Namen **Funktion** und wird mit f bezeichnet.
3. Die Menge aller x-Werte, die abgebildet werden, wird als **Definitionsmenge** D_f der Funktion f bezeichnet.
4. Die Menge aller $f(x)$-Werte, die wir beim Einsetzen von x in den Funktionsterm erhalten, trägt die Bezeichnung **Wertemenge** W_f der Funktion f.

Bemerkung:

Da bei der Mengenabbildung $D_f \to W_f$ jedes Element aus W_f mindestens einmal als Funktionswert auftritt (W_f wird „ausgeschöpft"), spricht man bei $D_f \to W_f$ von einer Abbildung „auf".

Bei Zahlenfolgen spricht man bei der Mengenabbildung $\mathbb{N} \to \mathbb{R}$ von einer Abbildung „in", da $\mathbb{R}$ dabei nicht ausgeschöpft wird.

Entsprechend der Vorgabe der Folge (a_n) können wir unsere Funktion f angeben durch:

$$f\colon x \to f(x) = \frac{1}{x}; \quad D_f = \mathbb{R} \setminus \{0\}$$

Sehen wir nun von unserem Beispiel ab, so lautet die Erklärung der (reellen) Funktion so:

Definition:

Wird jeder reellen Zahl x aus D_f in eindeutiger Weise eine Zahl $f(x)$ aus $\mathbb{R}$ zugeordnet, so spricht man von einer Funktion $f\colon x \to f(x)$

Zahlenfolgen sind spezielle Funktionen, bei denen $D_f = \mathbb{N}$ gilt.

Bemerkungen

1. Zur Vorgabe einer Funktion gehört notwendigerweise die Angabe der Definitionsmenge.
   (Mit einem Fleischwolf allein kann man kein Hackfleisch herstellen!)
2. Ist eine Funktion gegeben, dann ist dadurch die Wertemenge festgelegt. (Die Fleischbrocken werden im Fleischwolf verarbeitet!)
3. Die Bezeichnung $f(x)$ wird in verschiedenem Sinn gebraucht:
   Denkt man sich einen bestimmten x-Wert eingesetzt, dann nennt man $f(x)$ den Funktionswert.

   $f(x)$ bezeichnet aber auch den Funktionsterm; z. B. $f(x) = 3x^2 - 5$.

Wir kehren zurück zur Figur 14.

Wird in einem Koordinatensystem die Definitionsmenge D_f auf der waagerechten Achse (x-Achse, Abszissenachse) angetragen, so kann man an jeder Stelle x den zugehörigen Funktionswert $f(x)$ von der x-Achse ausgehend nach oben oder nach unten eintragen.

Die Menge aller Punkte $\{x; f(x)\}$, die wir auf diese Weise im Koordinatensystem erhalten, heißt ebenso wie die Paarmenge $\{x; f(x)\}$ selbst der Graph der Funktion f und wird mit G_f bezeichnet.

Der Graph einer Funktion f kann wegen der geforderten Eindeutigkeit der Zuordnung $x \to f(x)$ mit jeder Parallelen zur $f(x)$-Achse (Ordinatenachse) höchstens einen Punkt gemeinsam haben.

Vereinbarungen:

Alle Angaben über den Verlauf des Graphen einer Funktion f beziehen sich stets darauf, dass die Definitionsmenge in Richtung *zunehmender* x-Werte durchlaufen wird, in der Figur 14 also von links nach rechts.

Der Graph der Funktion f ist in Figur 14 also im Intervall $-\infty < x < 0$ streng monoton fallend und besitzt Rechtskrümmung. Im Intervall $0 < x < \infty$ ist G_f ebenfalls streng monoton fallend und besitzt Linkskrümmung.

Die Funktion f: $x \rightarrow f(x) = \frac{1}{x}$, $D_f = \mathbb{R} \setminus \{0\}$ ist an der Stelle $x = 0$ nicht definiert.

Aussagen über Eigenschaften der Funktion f oder ihres Graphen an der Stelle $x = 0$ sind daher grundsätzlich nicht möglich.

In der Umgebung von $x = 0$ können Untersuchungen über das Verhalten der Funktionswerte $f(x)$ angestellt werden, die zur Beantwortung der Frage führen, wie sich die Funktionswerte verhalten, wenn sich x der Stelle 0 nähert.

Bei vielen Aufgaben ist die Definitionsmenge D_f nicht direkt angegeben, sondern durch den Zusatz $D_f = D_{f(x)}$ bestimmt.

Bezeichnet man mit $D_{f(x)}$ die in $\mathbb{R}$ maximal mögliche Menge, für die der Funktionsterm $f(x)$ sinnvoll erklärt werden kann, so bedeutet der Zusatz $D_f = D_{f(x)}$ einfach Folgendes:

Als Definitionsmenge für die Funktion f soll die in $\mathbb{R}$ maximal mögliche Definitionsmenge des Terms $f(x)$ genommen werden.

Statt $D_f = D_{f(x)}$ finden Sie auch $D_f = D_{\max}$ angegeben.

f: $x \rightarrow f(x) = x^2$, $D_f = D_{f(x)} = \mathbb{R}$

g: $x \rightarrow g(x) = \frac{1}{x}$, $D_g = D_{g(x)} = \mathbb{R} \setminus \{0\}$

k: $x \rightarrow k(x) = \frac{x}{x^2 - 4}$, $D_k = D_{k(x)} = \mathbb{R} \setminus \{-2; 2\}$

7.2 Gleichheit von zwei Funktionen

Für Funktionen, die durch Funktionsterme beschrieben werden, legen wir die Gleichheit von zwei solchen Funktionen fest.

Definition:

Zwei Funktionen f und g heißen gleich, in Zeichen: $f = g$, wenn $D_f = D_g$ gilt und wenn die Funktionsterme $f(x)$ und $g(x)$ in der Menge $D_f = D_g$ äquivalent sind.

Zwei Terme heißen äquivalent, wenn sie beim Einsetzen einer Stelle x aus der gemeinsamen Definitionsmenge denselben Wert annehmen.

f: $x \rightarrow f(x) = x^2$; $D_f = \mathbb{R} \setminus \{3\}$

g: $x \rightarrow g(x) = \dfrac{x^2 \cdot (x-3)}{x-3}$; $D_g = \mathbb{R} \setminus \{3\}$

Die beiden Funktionen f und g sind gleich. Es gilt $f = g$, da die Definitionsmengen übereinstimmen und die Terme $f(x)$ und $g(x)$ in $\mathbb{R} \setminus \{3\}$ äquivalent sind.

Umkehrbare Funktionen

7.3

In Kapitel 7.1 haben wir die reelle Funktion f als eine eindeutige Abbildung zwischen zwei Mengen von reellen Zahlen beschrieben. Jeder reellen Zahl x aus der Definitionsmenge D_f wird in eindeutiger Weise eine reelle Zahl $f(x)$ aus der Wertemenge W_f zugeordnet. Die reelle Zahl $f(x)$ haben wir als den Funktionswert der Funktion f an der Stelle x bezeichnet.

Trägt man die Menge der Punkte $\{x; f(x)\}$ in ein Koordinatensystem ein, so erhält man den Graphen G_f der Funktion f. Wegen der Eindeutigkeit der Zuordnung $D_f \rightarrow W_f$ hat der Graph G_f mit einer Parallelen zur $f(x)$-Achse höchstens einen Punkt gemeinsam. Wird die Stelle x aus D_f gewählt, dann hat die zugehörige Parallele zur $f(x)$-Achse genau einen gemeinsamen Punkt mit G_f, vergleiche Figur 15.

Sie sehen in Figur 15 außerdem, dass in diesem Beispiel auch jede Parallele zur x-Achse höchstens einen Punkt mit dem Graphen G_f gemeinsam hat.

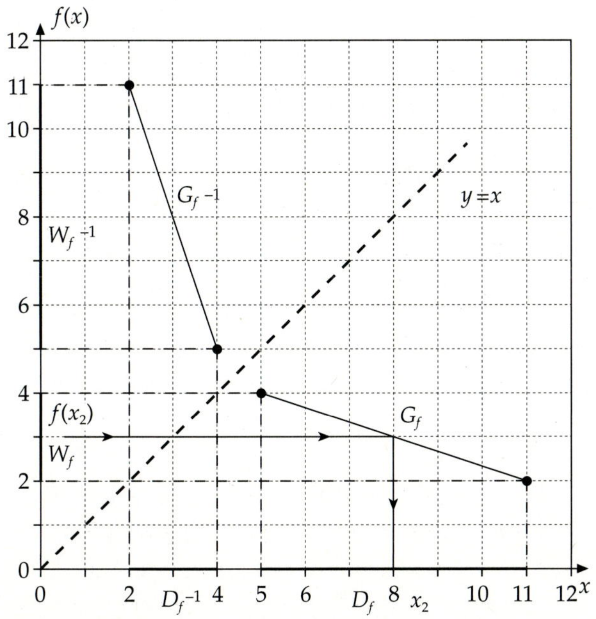

Figur 15

Vergleichen Sie in Figur 15: Gibt man einen Funktionswert $f(x_2)$ aus W_f vor, dann führt ein eindeutiger Weg zurück zu einem Element x_2 aus D_f.

In diesem Fall heißt die Funktion f umkehrbar.

Umkehrbare Funktionen werden auch als 1-1-deutige Funktionen bezeichnet, da nicht nur $D_f \to W_f$, sondern auch $W_f \to D_f$ jeweils eindeutige Abbildungen sind.

Die Definitionsmenge wird stets auf der waagerechten Achse angetragen. Dann erhält man den Graphen der Umkehrfunktion f^{-1} der Funktion f aus dem Graphen von f durch eine Spiegelung an der Winkelhalbierenden des I. und III. Quadranten.

Gesetz

Für die Umkehrfunktion f^{-1} zur Funktion f gilt:

$D_{f^{-1}} = W_f$ und $W_{f^{-1}} = D_f$

Beim Übergang von f zu f^{-1} vertauschen also die Definitionsmenge und die Wertemenge ihre Rollen.

Die Funktion f: $x \to f(x) = x^2$ hat für $D_f = \mathbb{R}$ den in Figur 16 gezeichneten Graphen G_f.

Figur 16

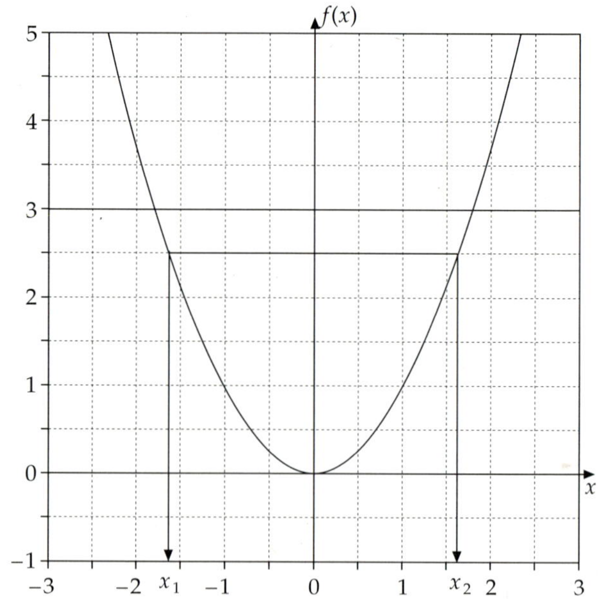

Die in Figur 16 dargestellte Funktion ist nicht umkehrbar, da die Parallelen zur x-Achse nicht höchstens einen Punkt mit G_f gemeinsam haben.

Wir bilden nun eine neue Funktion g, indem wir in unserem Beispiel die Definitionsmenge beschränken.

$g\colon\ x \rightarrow g(x) = x^2 \quad \text{mit} \quad D_g = \mathbb{R}_0^+$

Der Graph der Funktion g ist in Figur 17 eingetragen.

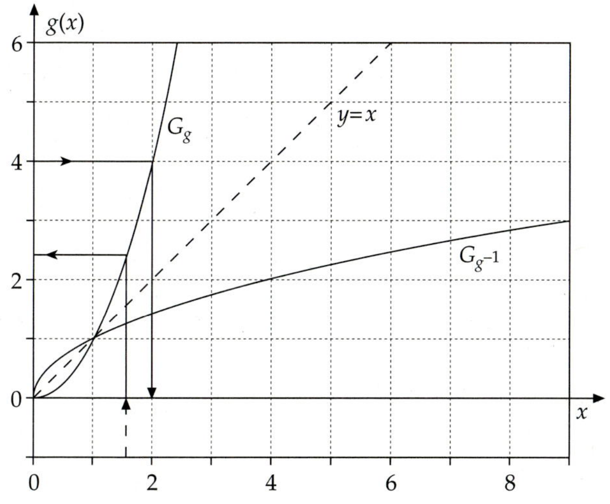

Figur 17

Sie sehen in Figur 17, dass jede Parallele zur $g(x)$-Achse für $x \geqq 0$ den Graphen der Funktion g in genau einem Punkt schneidet. Die Funktion g ist daher umkehrbar. Um die Umkehrfunktion g^{-1} der Funktion g zu erhalten, gehen wir wie folgt vor:

1. Statt $g(x)$ schreibt man einfacher y.

   $y = x^2$, x aus $\mathbb{R}_0^+$, y aus $\mathbb{R}_0^+$

2. Wir lösen die Funktionsgleichung nach x auf.

   $x^2 = y;\quad \sqrt{x^2} = \sqrt{y};\quad |x| = \sqrt{y}$

   Wegen y aus $\mathbb{R}_0^+$ ist $\sqrt{y}$ erklärt und wegen x aus $\mathbb{R}_0^+$ gilt: $|x| = x$. Wir erhalten damit x als Funktion von y:

   $x = \sqrt{y}$

3. Die Spiegelung des Graphen der Funktion g an der Winkelhalbierenden des I. und III. Quadranten ($y = x$) ist gleichbedeutend mit dem Vertauschen von x mit y.

   Dies liefert:

   $y = \sqrt{x}$ bzw. in der ursprünglichen Schreibweise:

   $g^{-1}\colon\ x \rightarrow g^{-1}(x) = \sqrt{x}$; x aus $\mathbb{R}_0^+$

Ergebnis:

Die Quadratwurzelfunktion $x \to \sqrt{x}$, x aus $\mathbb{R}_0^+$ ist die Umkehrfunktion der auf $\mathbb{R}_0^+$ beschränkten Quadratfunktion $x \to x^2$.

Diese Definition der Quadratwurzelfunktion beinhaltet die in der Mittelstufe festgelegte Erklärung der Quadratwurzel:

Die Quadratwurzel aus einer nichtnegativen reellen Zahl ist diejenige nichtnegative reelle Zahl, die mit sich selbst multipliziert den Inhalt der Wurzel ergibt.

$\sqrt{4} = 2$; $\sqrt{-9}$: nicht erklärt.

Die Schreibweise $\sqrt{16} = \pm 4$ ist falsch!

7.4 Besondere Funktionen

7.4.1 Betragsfunktion

Für jede reelle Zahl x haben wir den Betrag von x, in Zeichen: $|x|$, festgelegt.

$$|x| = \begin{cases} x & \text{für} \quad x \geqq 0 \\ -x & \text{für} \quad x < 0 \end{cases}$$

Die Funktion: $f\colon x \to f(x) = |x|$, $D_f = \mathbb{R}$ heißt **Betragsfunktion**.

Der Graph der Betragsfunktion ist in Figur 18 gezeichnet.

Figur 18

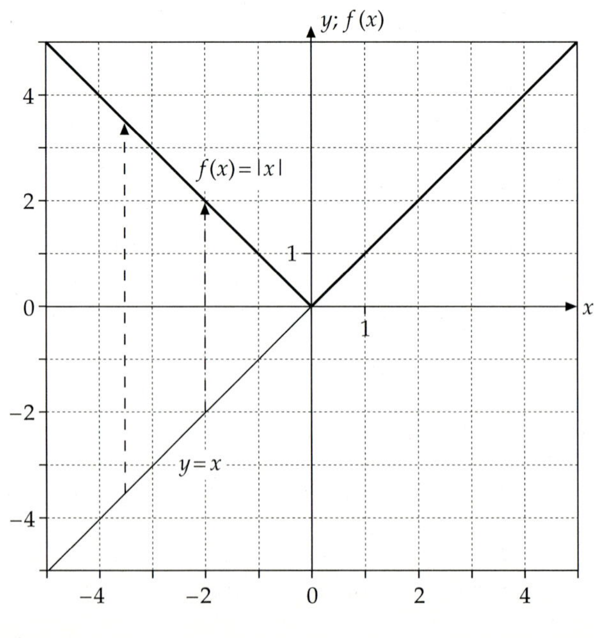

Mithilfe des Betrages kann man viele Funktionen angeben, deren Graphen meist recht umständlich durch das Lösen des Betrages in Teilbereichen der Definitionsmenge zu ermitteln sind. Ein einfaches Verfahren, das auch in komplizierten Fällen schnell zum Ziel führt, sehen Sie in Figur 18 angedeutet:

Wir zeichnen zunächst den Graphen des Terms y, der zwischen den Betragsstrichen steht. Im obigen Fall zeichnen wir also zunächst den Graphen für $y = x$ und bilden dann geometrisch die Funktionswerte $f(x) = |x|$. Dabei bleiben alle Punkte des Graphen G_y, die oberhalb oder auf der x-Achse liegen, fest. Alle Punkte von G_y, die unterhalb der x-Achse liegen, werden durch die Betragsbildung nach oben gespiegelt.

Beispiel 1

Gesucht ist der Graph der Funktion $f\colon\ x \to f(x) = |x-4|,\ D_f = \mathbb{R}$.

Wir setzen $f(x) = |y|$ mit $y = x - 4$ und zeichnen zunächst den Graphen von y, also die Gerade $y = x - 4$. In Figur 19 sehen Sie, wie der Graph der Funktion f aus dem Graphen der Funktion y entsteht.

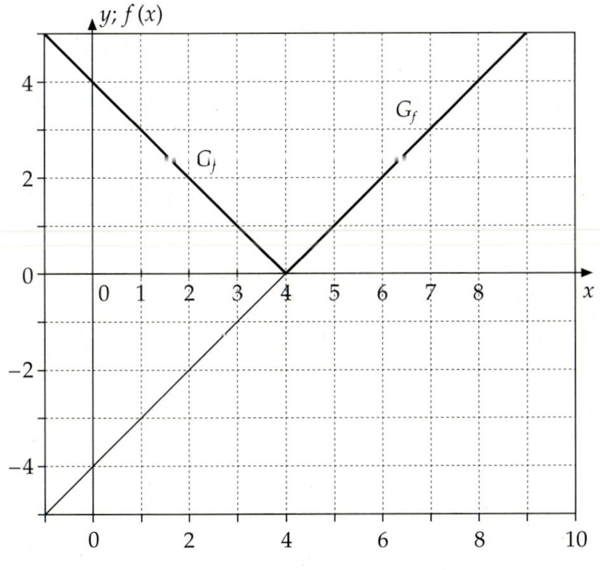

Figur 19

Beispiel 2

Zu zeichnen ist der Graph der Funktion $f\colon\ x \to f(x) = |x-2| - |x|,\ D_f = \mathbb{R}$.

Wir setzen:

$f(x) = f_1(x) + f_2(x)$ mit $f_1(x) = |x-2|$ und $f_2(x) = -|x|$.

Den Graphen der Funktion f ermitteln wir dann durch geometrische Addition der Funktionswerte der Funktionen f_1 und f_2.

Wir erhalten den Graphen der Funktion f_1, indem wir zunächst die Gerade $y_1 = x - 2$ zeichnen und dann $|y_1|$ bilden.

Den Graphen der Funktion f_2 erhalten wir in drei Schritten:

1. Wir zeichnen die Gerade $y_2 = x$.
2. Nun bilden wir $|y_2|$.
3. Um den Graphen von $-|y_2|$ zu erhalten, müssen wir alle Punkte des Graphen von $|y_2|$ an der x-Achse nach unten spiegeln.

In Figur 20 sehen Sie, wie die geometrische Addition der Funktionswerte $f_1(x)$ und $f_2(x)$ dann den Graphen der Funktion f ergibt.

Figur 20

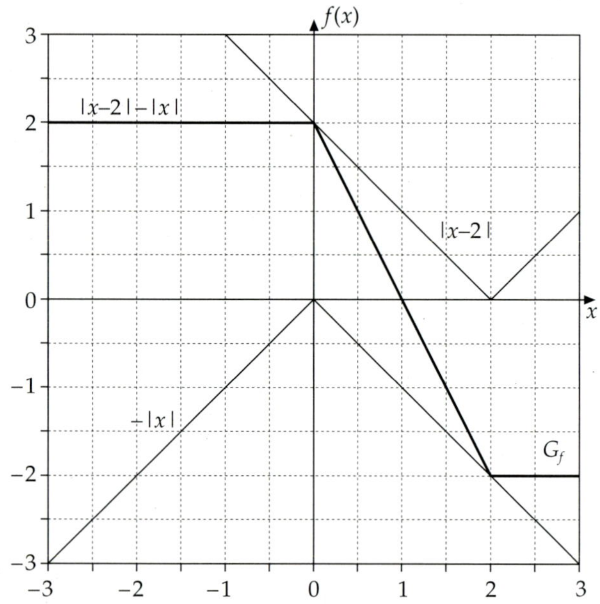

Wir können den Funktionsterm

$$f(x) = |x-2| - |x|, \quad D_f = \mathbb{R}$$

ohne Beträge darstellen, wenn wir die Beträge in Teilintervallen von $\mathbb{R}$ lösen.

Für $x \leqq 0$ gilt:

$x - 2 < 0$, also: $|x-2| = -x + 2$

$x \leqq 0$, also: $-|x| = -(-x) = x$

$f(x) = -x + 2 + x;$

$f(x) = 2 \quad$ für $\quad x \leqq 0$

Für $0 < x < 2$ gilt:

$x - 2 < 0$, also: $|x - 2| = -x + 2$

$x > 0$, also: $-|x| = -x$

$f(x) = -x + 2 - x;$

$f(x) = -2x + 2$ für $0 < x < 2$

Für $x \geqq 2$ gilt:

$x - 2 \geqq 0$, also: $|x - 2| = x - 2$

$x > 0$, also: $-|x| = -x$

$f(x) = x - 2 - x;$

$f(x) = -2$ für $x \geqq 2$.

Die Funktion f kann abschnittsweise wie folgt erklärt werden:

$$f(x) = \begin{cases} 2 & \text{für } x \leqq 0 \\ -2x + 2 & \text{für } 0 < x < 2 \\ -2 & \text{für } x \geqq 2 \end{cases}$$

Ist eine Funktion abschnittsweise erklärt, dann müssen Sie beim Berechnen der Funktionswerte besonders darauf achten, aus welchem Abschnitt die Stelle x gewählt ist.

Berechnen wir in unserem Beispiel die Funktionswerte $f(1)$, $f(-10)$ und $f(7)$, dann müssen wir jedesmal diejenige Zuordnungsvorschrift nehmen, die für das Intervall zuständig ist, in welchem die Stelle x liegt:

$x = 1$: $f(x) = -2x + 2$, also: $f(1) = 0$

$x = -10$: $f(x) = 2$, also: $f(-10) = 2$

$x = 7$: $f(x) = -2$, also: $f(7) = -2$

Signumfunktion (Vorzeichenfunktion) 7.4.2

Für jede reelle Zahl x ist sgn x, gelesen: Signum von x, festgelegt durch:

$$\operatorname{sgn} x = \begin{cases} 1 & \text{für } x > 0 \\ 0 & \text{für } x = 0 \\ -1 & \text{für } x < 0 \end{cases}$$

Die Funktion f

$f\colon x \to \operatorname{sgn} x,\ D_f = \mathbb{R}$

heißt **Signumfunktion** und ist in Figur 21 dargestellt.

Figur 21

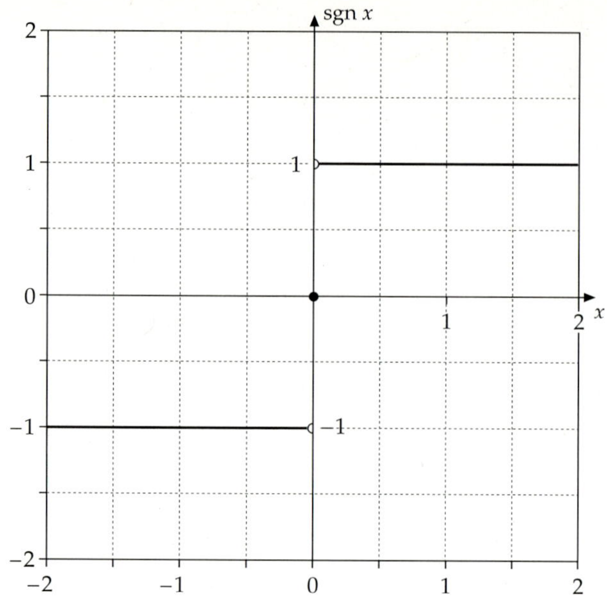

Mithilfe der Signumfunktion kann der Betrag einer reellen Zahl auch wie folgt festgelegt werden:

$$|x| = x \cdot \operatorname{sgn} x = \begin{cases} x & \text{für } x > 0 \\ 0 & \text{für } x = 0 \\ -x & \text{für } x < 0 \end{cases}$$

Mit der Signumfunktion ergeben sich eigenartige Funktionsgraphen.

$f\colon\ x \to f(x) = (x-1) \cdot \operatorname{sgn} x,\ D_f = \mathbb{R}$

Fallunterscheidungen:

$$\begin{array}{llll} x = 0: & \operatorname{sgn} x = 0 & f(0) = (0-1) \cdot 0 & = 0 \\ x > 0: & \operatorname{sgn} x = 1 & f(x) = (x-1) \cdot 1 & = x - 1 \\ x < 0: & \operatorname{sgn} x = -1 & f(x) = (x-1) \cdot (-1) & = -x + 1 \end{array}$$

Damit können wir die Funktion f abschnittsweise erklären.

$$f\colon x \to f(x) = (x-1) \cdot \operatorname{sgn} x = \begin{cases} -x + 1 & \text{für } x < 0 \\ 0 & \text{für } x = 0 \\ x - 1 & \text{für } x > 0 \end{cases}$$

Der Graph der Funktion f ist in Figur 22 gezeichnet.

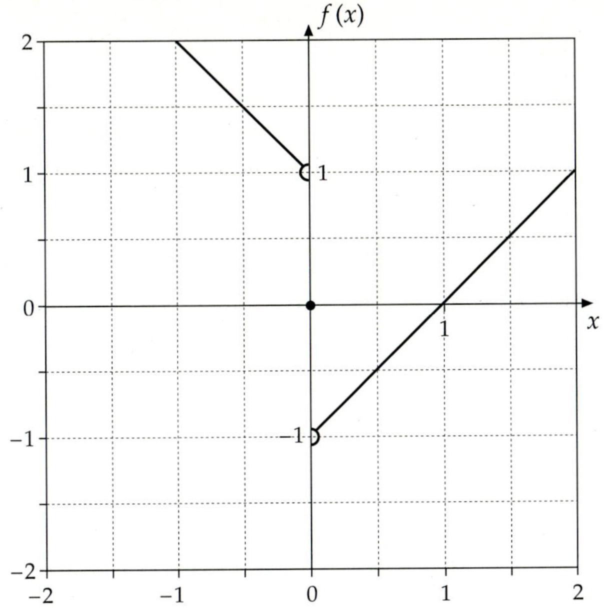

Figur 22

GAUSS'sche Klammerfunktion

7.4.3

Durch die GAUSSklammer $[x]$ wird jeder reellen Zahl x eindeutig eine ganze Zahl aus $\mathbb{Z}$ durch die folgende Vorschrift zugeordnet:

$[x]$ ist die größte ganze Zahl, die kleiner oder gleich x ist.

$[3{,}51] = 3$; $[-2{,}91] = -3$; $[5] = 5$;

$[-0{,}6] = -1$

Die Funktion f

$f\colon\ x \rightarrow f(x) = [x] = k$ aus $\mathbb{Z}$ für alle x mit $k \leqq x < k + 1$

heißt GAUSS'sche Klammerfunktion und ist in Figur 23 dargestellt.

Die GAUSSklammer wird verwendet, wenn das Ergebnis einer Rechnung eine ganze Zahl sein soll.

Figur 23

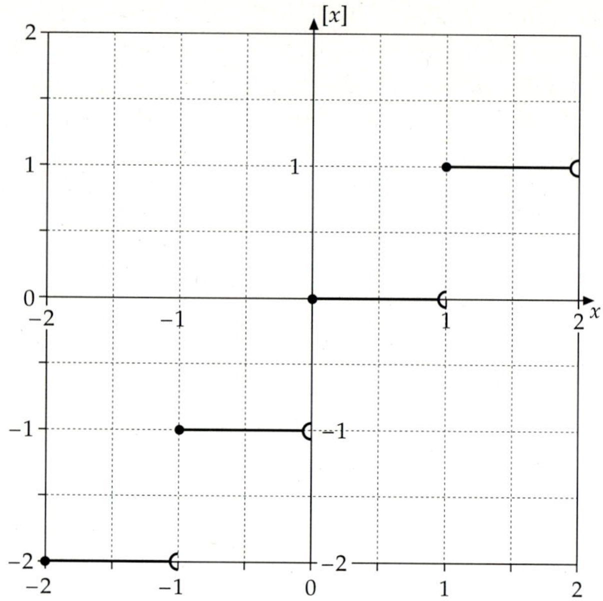

7.4.4 Trigonometrische Funktionen

Aus der ebenen Trigonometrie sind Ihnen sicher die Begriffe Sinus und Kosinus eines Winkels α bekannt. Der Winkel α wurde dabei im **Gradmaß** angegeben (z. B.: $\alpha = 45°$) und in einem rechtwinkeligen Dreieck wurden bestimmte Quotienten aus Seitenlängen festgelegt.

Für $0° < \alpha < 90°$ wurde erklärt:

$$\sin \alpha = \frac{b}{c}, \quad \tan \alpha = \frac{b}{a}$$

$$\cos \alpha = \frac{a}{c}, \quad \cot \alpha = \frac{a}{b}$$

Figur 24 a

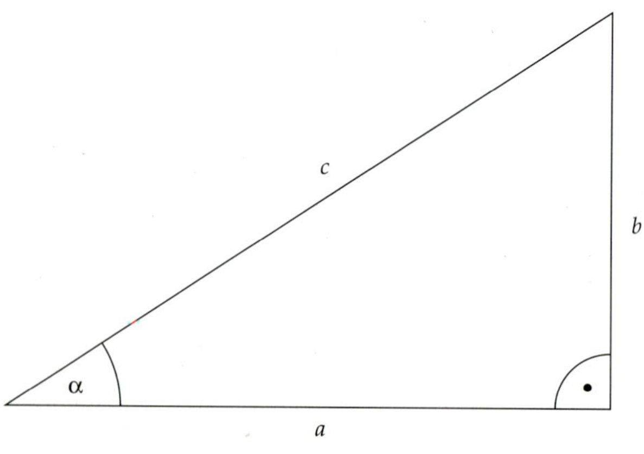

Für die Erklärung der trigonometrischen Funktionen als **reelle** Funktionen können wir eine Schreibweise wie z. B. $f(\alpha) = \sin\alpha$ nicht verwenden, da etwa $\alpha = 20°$ keine reelle Zahl ist. Die Definitionsmenge muss aber aus reellen Zahlen bestehen. (20° ist eine physikalische Größe, die aus einem Zahlenwert und einer Einheit besteht.) Wir müssen daher das Gradmaß aufgeben und versuchen einem Winkel eindeutig eine reelle Zahl zuzuordnen. Dies geschieht durch die Einführung des Bogenmaßes.

Bogenmaß eines Winkels

Wir zeichnen um das Zentrum Z der Ebene Kreise mit verschiedenen Radien und tragen in Z den Zentriwinkel α an. Vergleichen Sie Figur 24b.

Figur 24 b

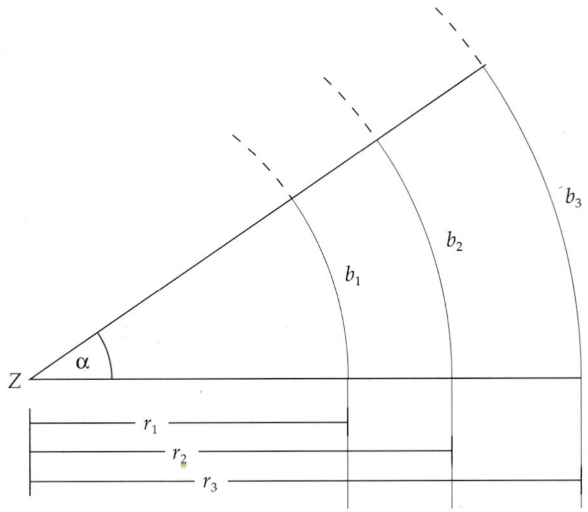

Sie sehen in Figur 24b, dass ein Zentriwinkel α auf verschiedenen Kreisen um Z jeweils einen bestimmten Bogen ausschneidet. Aus dem Kreis mit dem Radius r_1 wird der Bogen b_1, aus dem Kreis mit dem Radius r_2 der Bogen b_2 usw. ausgeschnitten. Denken wir uns nun die verschiedenen Kreise um Z durch zentrische Streckungen von Z aus erzeugt, dann gilt:

$$\frac{b_1}{r_1} = \frac{b_2}{r_2} = \frac{b_3}{r_3} = \ldots = \frac{b_n}{r_n}$$

Das heißt: Für einen festen Zentriwinkel α ist das Verhältnis aus zugehörigem Bogen und Radius in verschiedenen Kreisen stets gleich.

Es gilt daher allgemein:

Der Quotient aus dem vom Zentriwinkel α ausgeschnittenen Bogen b und dem zugehörigen Radius r ist eine nichtnegative reelle Zahl $\frac{b}{r}$ (Quotient aus zwei Längen) und nur vom Winkel α abhängig.

Da wir das Verhältnis $\frac{b}{r}$ als Maß für den Winkel α verwenden wollen und den Kreis noch frei wählen können, betrachten wir den Winkel α in einem **„Einheitskreis"** mit dem Radius 1 Längeneinheit (L.E.)

Figur 25

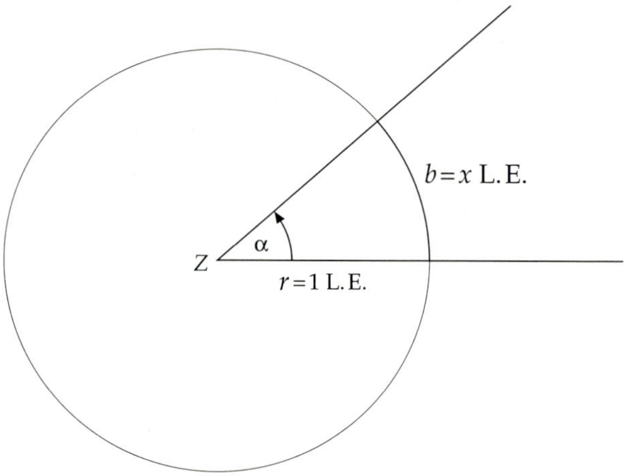

In Figur 25 schneidet der Winkel α aus dem Einheitskreis einen Bogen b mit der Länge x L.E. aus. Beachten Sie dabei, dass die reelle Zahl x die Maßzahl der Länge des Bogens b ist!

Für das Bogenmaß des Winkels α erhalten wir damit:

$$\text{Bogenmaß} = \frac{\text{Bogen}}{\text{Radius}} = \frac{x\,\text{L.E.}}{1\,\text{L.E.}} = x \text{ aus } \mathbb{R}_0^+$$

Wir setzen allgemein fest:

Definition:

Das Bogenmaß eines Winkels ist die Maßzahl der Länge desjenigen Bogens, der vom Winkel aus dem Einheitskreis ausgeschnitten wird.

Merke:

Die Länge l ist eine physikalische Größe, die durch eine Maßzahl und eine Einheit angegeben wird.

$l = 5$ m, Maßzahl: 5, Einheit: m

Das Bogenmaß x eines Winkels wird bei Orientierung des Winkels noch mit einem Vorzeichen versehen:

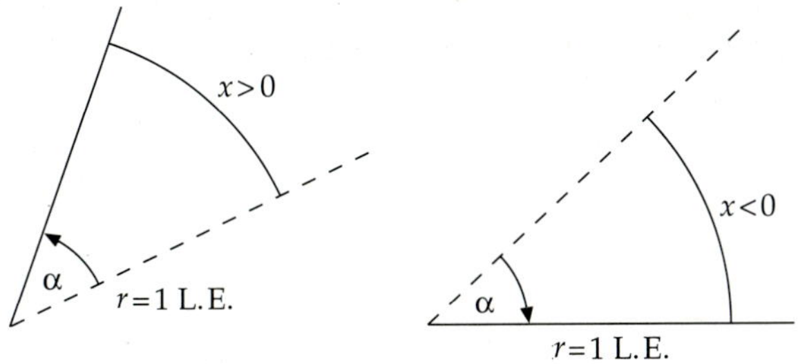

positiver Drehsinn negativer Drehsinn

Figur 26

Für die Umrechnung vom Gradmaß in das Bogenmaß betrachten wir den Vollwinkel 360° mit dem Bogenmaß $2 \cdot \pi$ (Maßzahl des Umfanges des Einheitskreises).

Dem Winkel α ordnen wir das Bogenmaß x zu und lösen den Dreisatz:

$$\begin{array}{ll} 360° \triangleq 2 \cdot \pi \\ \alpha \quad\; \triangleq x \end{array} \qquad x = \frac{\pi \cdot \alpha}{180°}$$

Die Tabelle gibt für das Gradmaß jeweils das zugehörige Bogenmaß x an.

α	0°	30°	45°	60°	90°	180°	360°
x	0	$\frac{\pi}{6}$	$\frac{\pi}{4}$	$\frac{\pi}{3}$	$\frac{\pi}{2}$	π	$2 \cdot \pi$

Die Funktionen sin, cos, tan, cot

Sinus- und Kosinusfunktion

Wir betrachten den Einheitskreis um den Ursprung eines kartesischen Koordinatensystems. Der Schnittpunkt dieses Kreises mit der Abszissenachse wird mit $A(1; 0)$ bezeichnet.

Durch einen weiteren Punkt B auf diesem Einheitskreis wird ein Zentriwinkel festgelegt, dem das Bogenmaß x eindeutig zugeordnet ist.

Wandert nun der Punkt B auf diesem Kreis, dann verändern sich die Koordinaten von B mit dem Bogenmaß x, vgl. Figur 27.

Wir fassen nun die Koordinaten des Punktes B als Funktionen des Bogenmaßes x auf und erklären:

> Ordnen wir dem Bogenmaß x die Ordinate des Punktes B zu, so erhalten wir die Sinusfunktion.
>
> sin: $\quad x \rightarrow \sin x$, x aus $\mathbb{R}$
> bzw.: $f: x \rightarrow f(x) = \sin x$, x aus $\mathbb{R}$

Figur 27

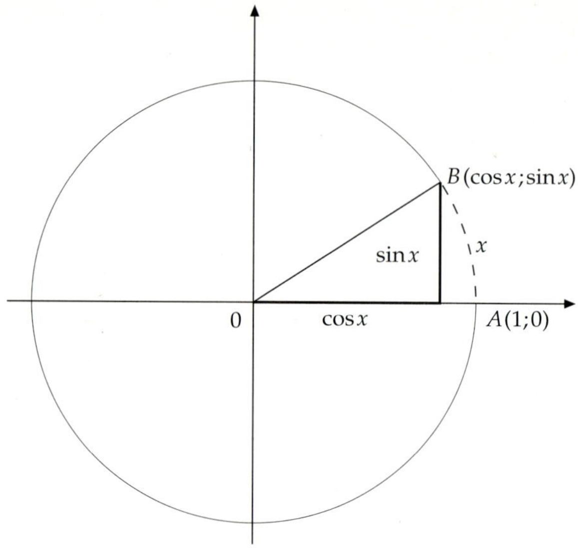

Ordnen wir dem Bogenmaß x die Abszisse des Punktes B zu, so erhalten wir die Kosinusfunktion.

cos: $x \to \cos x$, x aus $\mathbb{R}$
bzw.: $f\colon x \to f(x) = \cos x$, x aus $\mathbb{R}$

Bemerkung

Bei der Definition der Funktionen sin und cos haben wir x aus $\mathbb{R}$ zugelassen, da der Punkt B nur bis auf volle Umläufe durch das in der Figur 27 eingetragene Bogenmaß x bestimmt ist.

Die Figur 28 zeigt den Verlauf der Graphen der Funktionen sin und cos.

Figur 28

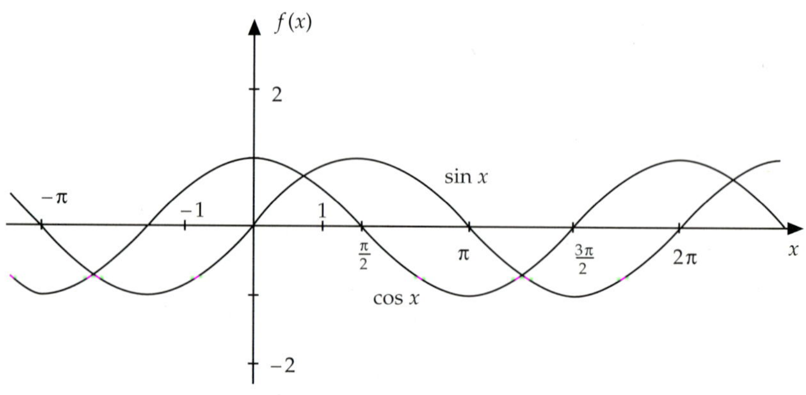

Aus Figur 28 entnehmen wir:

$\sin x = 0 \Leftrightarrow x = k \cdot \pi$, k aus $\mathbb{Z}$

$\cos x = 0 \Leftrightarrow x = (2k+1) \cdot \frac{\pi}{2}$, k aus $\mathbb{Z}$

$\cos x = \sin\left(\frac{\pi}{2} - x\right)$ für x aus $\mathbb{R}$

Tangens- und Kotangensfunktion

Die Funktionen tan und cot werden mit Hilfe der Funktionen sin und cos wie folgt erklärt:

tan: $x \rightarrow \tan x = \frac{\sin x}{\cos x}$, $x \in \mathbb{R} \wedge x \neq (2k+1) \cdot \frac{\pi}{2}$, k aus $\mathbb{Z}$

cot: $x \rightarrow \cot x = \frac{\cos x}{\sin x}$, $x \in \mathbb{R} \wedge x \neq k \cdot \pi$, k aus $\mathbb{Z}$

In Figur 29 sehen Sie den Verlauf der Graphen der Funktionen tan und cot.

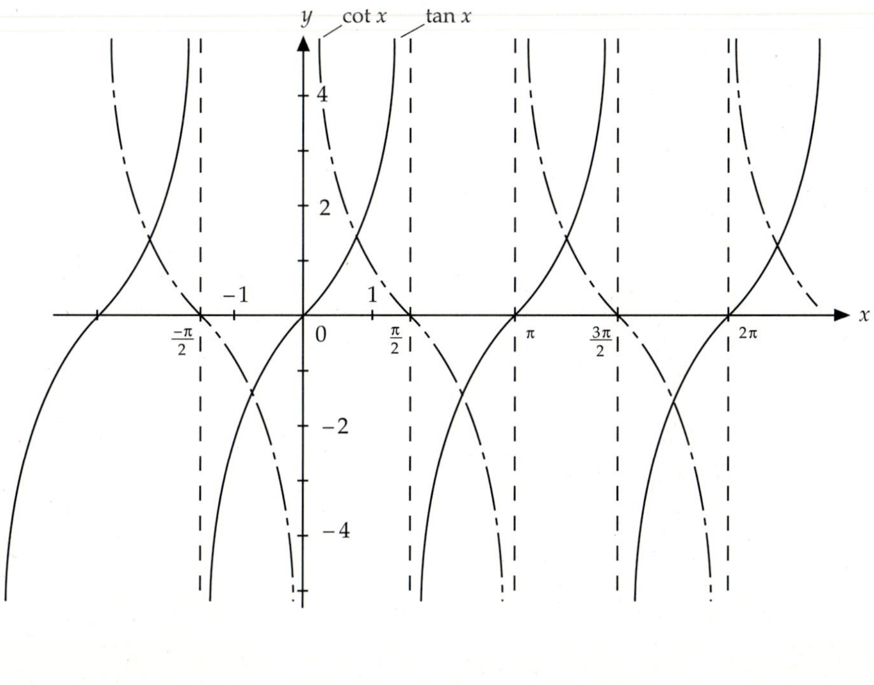

Figur 29

7.5 Monotonie

Festlegung der Monotonie bei Funktionen

Eine Funktion f heißt in D_f **monoton zunehmend**, wenn für alle x_1, x_2 aus D_f mit $x_1 < x_2$ folgt: $f(x_1) \leqq f(x_2)$.

Folgt aus $x_1 < x_2$, dass $f(x_1) \geqq f(x_2)$ gilt, dann ist die Funktion f **monoton abnehmend.**

Die Funktion f heißt in D_f **streng** monoton zunehmend, wenn aus $x_1 < x_2$ folgt $f(x_1) < f(x_2)$.

Folgt aus $x_1 < x_2$, dass $f(x_1) > f(x_2)$ gilt, dann ist die Funktion f in D_f **streng** monoton abnehmend.

Vom Graphen der Funktion f sagt man, dass er streng monoton steigt bzw. fällt.

Bemerkung

Die Monotonie einer Funktion ist zunächst für die gesamte Definitionsmenge D_f erklärt. In vielen Fällen werden wir später eine Funktion f in einer Teilmenge von D_f auf Monotonie untersuchen.

Der Nachweis der Monotonie einer Funktion nur mithilfe der obigen Festlegung ist meist schwierig zu erbringen. Im Band Analysis 2 werden wir für differenzierbare Funktionen ein einfaches Verfahren kennen lernen.

Wir zeigen, dass der Graph der Funktion $f\colon x \rightarrow f(x) = x^3$ in $D_f = \mathbb{R}$ streng monoton steigt.

Die Bedingung $x_1 < x_2$ erfüllen wir mit $h > 0$ durch $x_1 = x$ und $x_2 = x + h$.

Zu zeigen ist: $f(x_1) < f(x_2)$

bzw.: $f(x_1) - f(x_2) < 0$

$$\begin{aligned} f(x_1) - f(x_2) &= f(x) - f(x+h) \\ &= x^3 - (x+h)^3 \\ &= x^3 - (x^3 + 3x^2h + 3xh^2 + h^3) \\ &= x^3 - x^3 - 3x^2h - 3xh^2 - h^3 \\ &= -(3x^2h + 3xh^2 + h^3) \\ &= -h \cdot (3x^2 + 3xh + h^2) < 0, \end{aligned}$$

wenn der Term $3x^2 + 3xh + h^2$ für alle x aus $\mathbb{R}$ stets positive Werte annimmt.

Wir zeigen dies, indem wir die nach oben geöffnete Parabel $y = 3x^2 + 3xh + h^2$ betrachten und nach gemeinsamen Punkten dieser Parabel mit der x-Achse fragen.

Die Bedingung $3x^2 + 3xh + h^2 = 0$ liefert dann:

$$x = \frac{-3h \pm \sqrt{9h^2 - 12h^2}}{6}$$

$$= \frac{-3h \pm \sqrt{-3h^2}}{6} \notin \mathbb{R}$$

Da die Parabel keinen Punkt mit der x-Achse gemeinsam hat, muss sie ganz oberhalb der x-Achse liegen.

Beschränktheit 7.6

Eine Funktion f: $x \rightarrow f(x)$, x aus D_f, heißt auf D_f **beschränkt**, wenn es eine Zahl $K > 0$ gibt, sodass $|f(x)| \leqq K$ für alle x aus D_f gilt.

Gegeben ist die Funktion f

$$f\colon\ x \rightarrow f(x) = 2x + \frac{24}{x} \ \text{ in } D_f = \mathbb{R}^+ = \{x \mid x > 0\}$$

Wir zeigen, dass diese Funktion f nach unten beschränkt ist.

Schreiben wir mit $f(x) = y$

$y = 2x + \frac{24}{x}$, dann müssen wir nachweisen, dass für alle x aus $\mathbb{R}^+$ die Beziehung $y \geqq S$ erfüllt ist. Dabei muss die Zahl S angegeben werden können.

Aus $y = 2x + \frac{24}{x}$ folgt durch Multiplikation mit $x > 0$:

$yx = 2x^2 + 24$ oder umgestellt:

$2x^2 - yx + 24 = 0$

Wir betrachten diese Gleichung als eine quadratische Gleichung in x und berechnen ihre Lösungen.

$$x = \frac{y \pm \sqrt{y^2 - 192}}{4}$$

Wegen x aus $\mathbb{R}^+$ muss die Wurzel $\sqrt{y^2 - 192}$ definiert sein.

Es muss also gelten: $y^2 - 192 \geqq 0$

$$y^2 \geqq 192; \; |y| \geqq \sqrt{192}$$

Wegen $y = 2x + 24/x$ und x aus $\mathbb{R}^+$ ist auch y aus $\mathbb{R}^+$ und damit gilt: $|y| = y$. Daher muß $y \geqq \sqrt{192}$ gelten. Setzen wir nun wieder $y = f(x)$, so erhalten wir $f(x) \geqq \sqrt{192}$ und haben gezeigt, dass die Funktion nach unten beschränkt ist.

Der Nachweis der Beschränktheit von Funktionen wird im Band Analysis 2 mit anderen Hilfsmitteln einfacher geführt.

7.7 Ganzrationale Funktionen

Erklärung der ganzrationalen Funktion:

Lautet der Funktionsterm

$f(x) = a_n x^n + a_{n-1} x^{n-1} + \ldots + a_2 x^2 + a_1 x + a_0$

mit n aus $\mathbb{N}$ und $a_n, a_{n-1}, \ldots, a_0$ aus $\mathbb{R}$, dann heißt die Funktion $f: x \to f(x)$ mit $D_f = \mathbb{R}$ eine **ganzrationale Funktion.**

Wir können uns auch kürzer merken:

Eine ganzrationale Funktion liegt dann vor, wenn die Zuordnungsvorschrift $f(x)$ ein Polynom n-ten Grades in x ist.

Beispiel 1 $f: x \to f(x) = ax + b$ mit $a \neq 0$ und $D_f = \mathbb{R}$

Die Funktion f heißt **lineare** Funktion.

Der Graph von f ist eine Gerade mit der Steigung a, welche die $f(x)$-Achse im Punkt $(0; b)$ schneidet.

Meist schreibt man für lineare Funktionen: $y = ax + b$.

$g: x \rightarrow g(x) = ax^2 + bx + c$ mit $a \neq 0$ und $D_g = \mathbb{R}$

Beispiel 2

Die Funktion g heißt **quadratische** Funktion.

Mit $y = g(x)$ schreibt man kürzer: $y = ax^2 + bx + c$

Sonderfall: $y = x^2$ wird Quadratfunktion und ihr Graph Normalparabel genannt.

Wir wollen nun wichtige Eigenschaften über den Verlauf der durch $y = ax^2 + bx + c$ gegebenen Parabel herleiten.

Da $a \neq 0$ vorausgesetzt wird, können wir die Gleichung durch a dividieren und erhalten:

$$\frac{y}{a} = x^2 + \frac{b}{a} \cdot x + \frac{c}{a}$$

Da bei $x^2 = 1 \cdot x^2$ der Faktor 1 steht, kann man einfacher die quadratische Ergänzung durchführen: Man addiert und subtrahiert das **Quadrat der Hälfte des Faktors, der bei x steht:**

$$\frac{y}{a} = x^2 + \frac{b}{a} \cdot x + \left(\frac{b}{2a}\right)^2 + \frac{c}{a} - \left(\frac{b}{2a}\right)^2$$

Die ersten drei Summanden auf der rechten Seite sind ein **vollständiges Quadrat**, für das wir $\left(x + \frac{b}{2a}\right)^2$ schreiben können. Damit gilt:

$$\frac{y}{a} = \left(x + \frac{b}{2a}\right)^2 + \frac{c}{a} - \frac{b^2}{4a^2}$$

Nun wird die Gleichung mit a multipliziert:

$$y = a \cdot \left(x + \frac{b}{2a}\right)^2 + c - \frac{b^2}{4a}$$

Aus dieser Form der Gleichung für eine Parabel können wir die Koordinaten des Scheitels und die Öffnung der Parabel erschließen!

An der Stelle $x = -\frac{b}{2a}$ gilt $\left(x + \frac{b}{2a}\right)^2 = \left(-\frac{b}{2a} + \frac{b}{2a}\right)^2 = 0$ und wir erhalten für $y(x)$ dort den Funktionswert:

$$y\left(-\frac{b}{2a}\right) = c - \frac{b^2}{4a}$$

Wir gehen nun von der Stelle $x = -\frac{b}{2a}$ mit $m > 0$ nach rechts und links und bilden dort die Funktionswerte:

$$y\left(-\frac{b}{2a} \pm m\right) = a \cdot \left(-\frac{b}{2a} \pm m + \frac{b}{2a}\right)^2 + c - \frac{b^2}{4a} =$$

$$= a \cdot (\pm m)^2 + c - \frac{b^2}{4a} = a \cdot m^2 + c - \frac{b^2}{4a}$$

Fall $a > 0$:

Für $a > 0$ wird zum Wert von $c - \frac{b^2}{4a}$ der **positive** Ausdruck am^2 addiert. Die Funktionswerte der Parabel steigen daher rechts und links von der betrachteten Stelle $x = -\frac{b}{2a}$ in der gleichen Weise an.

Für $a > 0$ hat daher die Parabel im Punkt $S\left(-\frac{b}{2a}; c - \frac{b^2}{4a}\right)$ ihren *kleinsten* Funktionswert und ist **nach oben geöffnet.** Der Punkt S heißt der **Scheitel** der Parabel.

Fall $a < 0$:

Wir können die letzte Zeile der obigen Rechnung übernehmen.

Für $a < 0$ ist aber $am^2 < 0$ und die Funktionswerte der Parabel fallen jetzt rechts und links von der Stelle $x = -\frac{b}{2a}$.

Für $a < 0$ hat die Parabel im Punkt S (vergleiche oben) nun ihren *größten* Funktionswert und ist **nach unten geöffnet.** Auch in diesem Fall heißt S der Scheitel der Parabel.

Definition:

Setzt man allgemein für die Koordinaten des Scheitels S der Parabel:
$x_S = -\frac{b}{2a}$; $y_S = c - \frac{b^2}{4a}$, dann nennt man die Gleichung
$y = a \cdot (x - x_S)^2 + y_S$ die **Scheitelform** der Parabelgleichung.

Aufgabe 22 Gegeben ist die Schar ganzrationaler Funktionen f_k durch

f_k: $x \rightarrow f_k(x) = kx^2 - x - 5$, $k > 0$, $D_{f_k} = \mathbb{R}$

22.1 Berechnen Sie durch Umformung der Zuordnungsvorschrift $f_k(x)$ in die Scheitelgleichung die Koordinaten des Scheitels S der Parabeln in Abhängigkeit von k.

22.2 Berechnen Sie nun $k = k_0$ so, dass die zugehörige Parabel eine Nullstelle $x = -1$ hat. Wie lautet in diesem Fall die zweite Nullstelle? Wie lautet die Wertemenge?

Nullstellen, Faktorzerlegung

7.7.1

Wenn der Graph einer ganzrationalen Funktion f gezeichnet werden soll, dann sind die gemeinsamen Punkte des Graphen von f mit der x-Achse von besonderer Bedeutung.

Die Bedingung, dass der Graph der Funktion $f\colon x \to f(x)$ gemeinsame Punkte mit der x-Achse hat, führt auf die Gleichung $f(x) = 0$.

Eine Lösung der Gleichung $f(x) = 0$ ist nur in einfachen Fällen möglich.

Ist f eine lineare Funktion, dann kann $f(x) = 0$ durch Umstellen nach x gelöst werden. $f(x) = 2x - 6$, $f(x) = 0$ liefert $2x - 6 = 0$ und hat die Lösung $x = 3$.

Ist f eine quadratische Funktion, dann kann die Gleichung $f(x) = 0$ mithilfe der Lösungsformel für quadratische Gleichungen gelöst werden.

$f(x) = x^2 + x - 12$

$f(x) = 0$ liefert $x^2 + x - 12 = 0$ und hat die Lösungen $x = 3$ oder $x = -4$.

Mithilfe der Nullstellen kann man nun den Funktionsterm $f(x)$ auch als Produkt aus Linearfaktoren schreiben:

$f(x) = x^2 + x - 12 = (x - 3) \cdot (x + 4)$

Beachten Sie den Zeichenwechsel in den Linearfaktoren! Die Nullstelle $x = 3$ liefert den Linearfaktor $(x - 3)$; die Nullstelle $x = -4$ ergibt den Linearfaktor $(x + 4)$.

Wir erhalten aus der Zerlegung in Linearfaktoren über die Gleichung $(x - 3) \cdot (x + 4) = 0$ wieder die Nullstellen $x = 3$ oder $x = -4$.

Allgemein gilt:

Hat $f(x) = ax^2 + bx + c$ die Nullstellen x_1 und x_2, dann lautet die Zerlegung von $f(x)$ in Linearfaktoren

$f(x) = a \cdot (x - x_1) \cdot (x - x_2)$

Beachten Sie, dass die Nullstelle x_1 zum Linearfaktor $(x - x_1)$ und die Nullstelle x_2 zum Linearfaktor $(x - x_2)$ führt und dass der Koeffizient a von x^2 vor die Linearfaktoren geschrieben werden muss.

$f(x) = 2x^2 + 7x - 15$, x aus $\mathbb{R}$

$f(x) = 0$ liefert die Gleichung $2x^2 + 7x - 15 = 0$ mit den Lösungen $x = \frac{3}{2}$ oder $x = -5$.

Die Linearfaktoren lauten somit $\left(x - \frac{3}{2}\right)$ und $(x + 5)$ und für $f(x)$ erhalten wir die Darstellung:

$$f(x) = 2 \cdot \left(x - \frac{3}{2}\right) \cdot (x + 5)$$

Umgekehrt können wir aus der Zerlegung in Linearfaktoren sofort die Nullstellen von f ablesen.

$x - \frac{3}{2} = 0$ oder $x + 5 = 0$ liefert dann

$x = \frac{3}{2}$ oder $x = -5$

Ist nun die Zuordnungsvorschrift $f(x)$ einer ganzrationalen Funktion f ein Polynom in x vom Grade $n > 2$, so haben wir bis auf einige Ausnahmen (z.B. $ax^4 + bx^2 + c = 0$; hier führt die Substitution $x^2 = z$ auf die quadratische Gleichung $az^2 + bz + c = 0$) keine Lösungsformeln mehr zur Verfügung.

In diesen Fällen hilft uns der folgende *Zerlegungssatz* weiter:

Wenn die ganzrationale Funktion f vom Grade n mit n aus $\mathbb{N}$ die Nullstelle x_0 hat, dann gibt es die folgende Zerlegung:

$$\begin{aligned} f(x) &= a_n x^n + a_{n-1} x^{n-1} + \ldots + a_1 x + a_0 \\ &= (x - x_0) \cdot g(x), \end{aligned}$$

wobei $g(x)$ eine ganzrationale Funktion vom Grad $(n - 1)$ ist.

Daraus folgt: $f(x)$ ist durch den Linearfaktor $(x - x_0)$ ohne Rest teilbar.

Beweis:

Ist x_0 eine Nullstelle von f, also $f(x_0) = 0$, dann gilt:

$$\begin{aligned} f(x) &= f(x) - 0 \\ &= f(x) - f(x_0) \\ &= a_n x^n + a_{n-1} x^{n-1} + \ldots + a_1 x + a_0 - (a_n x_0^n + a_{n-1} x_0^{n-1} + \ldots + a_1 x_0 + a_0) \\ &= a_n (x^n - x_0^n) + a_{n-1} (x^{n-1} - x_0^{n-1}) + \ldots + a_1 (x - x_0) \quad (*) \end{aligned}$$

Um zu zeigen, dass man aus allen Gliedern auf der rechten Seite dieser Gleichung den Faktor $(x - x_0)$ ausklammern kann, begründen wir zunächst die bekannte Formel:

$$a^n - b^n = (a - b) \cdot (a^{n-1} + a^{n-2}b + \ldots + ab^{n-2} + b^{n-1})$$

Wir wählen den Fall $n = 5$:

Wir bilden den folgenden Rechenausdruck R, von dem wir wissen, dass er immer den Wert 0 hat:

$$R = -a^4 b + a^4 b - a^3 b^2 + a^3 b^2 - a^2 b^3 + a^2 b^3 - ab^4 + ab^4 = 0$$

Da $R = 0$ ist, gilt natürlich: $a^5 + R - b^5 = a^5 + 0 - b^5 = a^5 - b^5$.

Wir erhalten also:

$$\begin{aligned} a^5 - b^5 &= a^5 - a^4 b + a^4 b - a^3 b^2 + a^3 b^2 - a^2 b^3 + a^2 b^3 - ab^4 + ab^4 - b^5 \\ &= (a^5 - a^4 b) + (a^4 b - a^3 b^2) + (a^3 b^2 - a^2 b^3) + (a^2 b^3 - ab^4) + (ab^4 - b^5) \end{aligned}$$

Aus allen Differenzen, die in den Klammern stehen, nehmen wir nun das größtmögliche Produkt mit den Faktoren a und b vor die Klammer:

$$a^5 - b^5 = a^4 (a - b) + a^3 b(a - b) + a^2 b^2 (a - b) + ab^3 (a - b) + b^4 (a - b)$$

Nun können wir auf der rechten Seite aus allen Gliedern den Faktor $(a - b)$ ausklammern und erhalten:

$$a^5 - b^5 = (a - b) \cdot (a^4 + a^3 b + a^2 b^2 + ab^3 + b^4)$$

Die oben angegebene Formel $a^n - b^n$ ist also für $n = 5$ richtig! Dass die Formel für n aus $\mathbb{N}$ gilt, kann durch einen Induktionsbeweis gezeigt werden.

Wir kehren nun zurück zu unserem Beweis und verwenden die soeben begründete Formel für den Ausdruck $x^n - x_0^n$:

Aus allen Gliedern auf der rechten Seite von $(*)$ kann der Faktor $(x - x_0)$ ausgeklammert werden, wobei sich noch eine ganzrationale Funktion g vom Grad $(n - 1)$ ergibt.

Es gilt also:

$f(x) = (x - x_0) \cdot g(x)$, wenn die ganzrationale Funktion f die Nullstelle x_0 hat.

Bemerkungen:

1. Bevor wir den Zerlegungssatz überhaupt anwenden können, müssen wir durch Probieren eine Nullstelle x_0 gefunden haben.

   In den Aufgaben sind dies immer **ganzzahlige** Nullstellen.

2. Wissen wir z. B. aus dem Verlauf des Graphen von f, dass f eine Nullstelle hat, die nicht ganzzahlig ist, dann müssen Verfahren zur näherungsweisen Berechnung von Nullstellen eingesetzt werden.

$f(x) = x^3 - 8x^2 + 5x + 14, D_f = \mathbb{R}$

Durch Probieren mit ganzzahligen Werten für x finden wir:
$f(-1) = -1 - 8 - 5 + 14 = 0$, also ist $x = -1$ eine Nullstelle von f.

Der zur Nullstelle $x = -1$ gehörende Linearfaktor lautet $(x + 1)$ und nach dem Zerlegungssatz gilt dann:

$$x^3 - 8x^2 + 5x + 14 = (x + 1) \cdot g(x)$$

Für $g(x)$ erhalten wir zunächst:

$$g(x) = (x^3 - 8x^2 + 5x + 14) : (x + 1)$$

Durchführung der Polynomdivision

Wichtig ist, dass vor Beginn der Polynomdivision der Dividend (Zähler) und der Divisor (Nenner) nach fallenden Potenzen von x geordnet sind.

$$\begin{array}{l}
(x^3 - 8x^2 + 5x + 14) : (x + 1) = x^2 - 9x + 14 \\
\underline{-x^3 - x^2} \\
\quad -9x^2 + 5x + 14 \\
\quad \underline{9x^2 + 9x} \\
\qquad 14x + 14 \\
\qquad \underline{-14x - 14} \\
\qquad\qquad 0
\end{array}$$

Verfolgen Sie in diesem Beispiel die zwei Schritte der Polynomdivision:

1. Schritt

Die höchste Potenz des Zählers (x^3) wird durch die höchste Potenz des Nenners (x) dividiert $\frac{x^3}{x} = x^2$ und das Ergebnis x^2 wird rechts notiert.

2. Schritt

Das Ergebnis der Division im 1. Schritt, also x^2, wird nun mit dem Nenner multipliziert und *mit Vorzeichenwechsel* unter die zugehörigen Potenzen von x des Zählers geschrieben und zum Zähler *addiert*. Sie erhalten damit das Restpolynom

$-9x^2 + 5x + 14.$

Das Restpolynom übernimmt nun die Rolle des Zählers und die beiden Schritte werden so lange wiederholt, bis die Division aufgeht.

In unserem Beispiel erhalten wir zunächst

$$\begin{aligned} f(x) &= x^3 - 8x^2 + 5x + 14 \\ &= (x + 1) \cdot (x^2 - 9x + 14) \end{aligned}$$

Wir untersuchen nun, ob man den Term $g(x) = x^2 - 9x + 14$ weiter in Linearfaktoren zerlegen kann.

$g(x) = 0$ liefert die quadratische Gleichung $x^2 - 9x + 14 = 0$ mit den Lösungen $x = 7$ oder $x = 2$.

$g(x)$ hat demnach die Zerlegung

$(x - 7) \cdot (x - 2).$

Für $f(x)$ erhalten wir schließlich die vollständige Zerlegung in Linearfaktoren:

$$\begin{aligned} f(x) &= x^3 - 8x^2 + 5x + 14 \\ &= (x + 1) \cdot (x - 7) \cdot (x - 2). \end{aligned}$$

Da sich manchmal derselbe Faktor $(x - a)$ mehrmals von einer ganzrationalen Funktion abspalten lässt, setzen wir fest:

Die Stelle $x = a$ heißt eine k-fache Nullstelle der ganzrationalen Funktion f vom Grade n, wenn es eine ganzrationale Funktion g vom Grade $n - k$ mit $g(a) \neq 0$ so gibt, dass gilt:

$f(x) = (x - a)^k \cdot g(x)$

Die Vielfachheit (man sagt auch: die Ordnung) einer Nullstelle entscheidet, ob eine Schnittstelle oder eine Berührstelle des Graphen von f mit der x-Achse vorliegt.

Wir untersuchen dies in einem Beispiel:

$f(x) = (x-3) \cdot (x+5)^4$

Diese Funktion f hat die Nullstellen $x = 3$ oder $x = -5$.

Zur Untersuchung der *Art* der Nullstelle $x = 3$ wählen wir mit einem geeigneten $h > 0$ die Stellen $3 + h$ und $3 - h$ und berechnen an diesen Stellen die Funktionswerte. Wir dürfen dabei $h > 0$ nicht zu groß wählen, damit wir nicht eine weitere Nullstelle überschreiten!

$$f(3+h) = (3+h-3) \cdot (3+h+5)^4 = h \cdot (8+h)^4 > 0$$
$$f(3-h) = (3-h-3) \cdot (3-h+5)^4 = -h \cdot (8-h)^4 < 0$$

Die Nullstelle $x = 3$, die aus dem Linearfaktor $(x-3)^1$ folgt, ist eine Nullstelle von f mit Zeichenwechsel der Funktionswerte beim Durchgang durch diese Nullstelle. Die Nullstelle $x = 3$ ist daher eine **Schnittstelle** des Graphen von f mit der x-Achse.

Zur Untersuchung der *Art* der Nullstelle $x = -5$ wählen wir wieder mit einem geeigneten $h > 0$ (vergleichen Sie die obige Bemerkung dazu) die Stellen $x = -5 + h$ und $x = -5 - h$ und berechnen die Funktionswerte:

$$f(-5+h) = (-5+h-3) \cdot (-5+h+5)^4 = (-8+h) \cdot (h)^4 < 0$$
$$f(-5-h) = (-5-h-3) \cdot (-5-h+5)^4 = (-8-h) \cdot (-h)^4 < 0$$

Die Nullstelle $x = -5$, die aus dem Linearfaktor $(x+5)^4$ folgt, ist eine Nullstelle von f ohne Zeichenwechsel der Funktionswerte beim Durchgang durch diese Nullstelle. Die Nullstelle $x = -5$ ist daher eine **Berührstelle** des Graphen von f mit der x-Achse.

Allgemein gilt:

Ist die Vielfachheit k einer Nullstelle **ungerade** ($k = 1; 3; 5; \ldots$), so liegt eine **Schnittstelle** vor.

Ist die Vielfachheit k einer Nullstelle **gerade** ($k = 2; 4; 6; \ldots$), dann ist die Nullstelle eine **Berührstelle.**

Bemerkung:

Kennen wir von einer ganzrationalen Funktion f alle ihre Nullstellen und auch die Art der Nullstellen (Schnitt- bzw. Berührstelle), dann lässt sich diese Kenntnis mit Vorteil beim Zeichnen des Graphen ausnutzen:

Überschreiten wir eine *Berührstelle*, dann bleibt der Graph von f auf derselben Seite der x-Achse. Überschreiten wir dagegen eine *Schnittstelle*, dann durchdringt der Graph von f die x-Achse.

Praktisch geht man dabei so vor:

Die Schnittstellen markieren wir auf der x-Achse mit einem Kreuz und die Berührstellen mit einem fetten Punkt.

An allen Nullstellen tragen wir dünne Linien parallel zur $f(x)$-Achse ein. Kennen wir nun einen **einzigen** Funktionswert $f(x) \neq 0$, dann können wir uns nach rechts oder links bewegen und bei jeder der Trennungslinien an den Nullstellen entscheiden, ob der Graph von f auf derselben Seite der x-Achse bleibt oder ob er beim Überschreiten der Nullstelle die x-Achse durchdringt. Man nennt dieses Vorgehen „Signieren" (von lat. signum: Zeichen; Vorzeichen) oder auch „Felder-Abstreichen".

Verfolgen Sie dieses Vorgehen im Beispiel:

Gegeben ist die Funktion f durch

$f(x) = x^3 + 4x^2 - 3x - 18,\ D_f = \mathbb{R}$

Eine Nullstelle von f ist $x = 2$, wie wir durch Einsetzen bestätigen.

$f(2) = 8 + 16 - 6 - 18 = 0$

Das Polynom $f(x)$ muss also durch den Linearfaktor $(x - 2)$ ohne Rest teilbar sein.

$$
\begin{array}{l}
(x^3 + 4x^2 - 3x - 18) : (x - 2) = x^2 + 6x + 9 \\
\underline{-x^3 + 2x^2} \\
\qquad 6x^2 - 3x - 18 \\
\qquad \underline{-6x^2 + 12x} \\
\qquad\qquad 9x - 18 \\
\qquad\qquad \underline{-9x + 18} \\
\qquad\qquad 0
\end{array}
$$

$f(x) = (x - 2) \cdot (x^2 + 6x + 9) = (x - 2) \cdot (x + 3)^2$

Die Funktion f hat demnach die Nullstellen:

$x = 2$ Schnittstelle; Nullstelle 1. Ordnung

$x = -3$ Berührstelle; Nullstelle 2. Ordnung

Mithilfe eines einzigen Funktionswertes, z. B. $f(3) = 36 > 0$, lässt sich die ganze Ebene in Gebiete oder Felder einteilen, in denen der Graph von f verläuft.

Dazu schraffieren wir diejenigen Gebiete, in denen der Graph von f *nicht* verlaufen kann, vergleiche Figur 30.

Den *genauen* Verlauf des Graphen von f können wir noch nicht zeichnen.

Figur 30

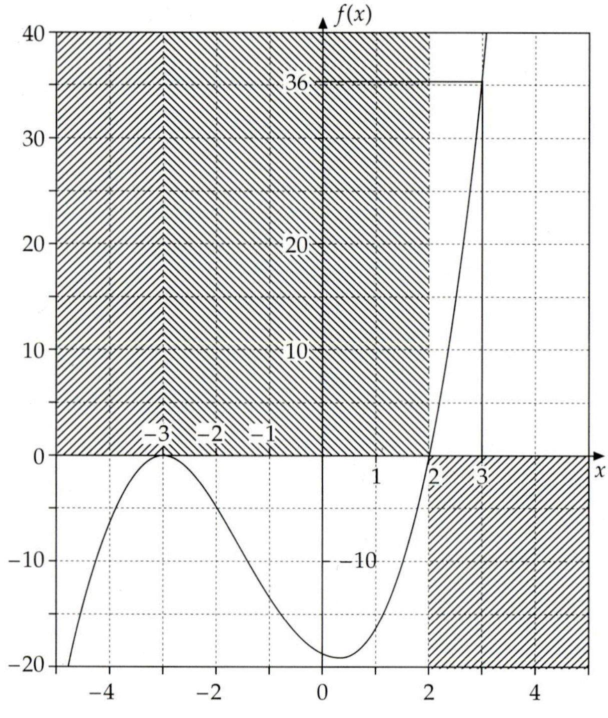

Beim Aufsuchen einer ganzzahligen Nullstelle können Sie den Satz anwenden:

Ist der Funktionsterm $f(x)$ ein Polynom mit **ganzzahligen** Koeffizienten, also

$f(x) = a_n x^n + a_{n-1} x^{n-1} + \ldots + a_1 x + a_0$

mit $a_n, a_{n-1}, \ldots, a_0$ aus $\mathbb{Z}$

und ist x eine **ganzzahlige** Nullstelle von f, dann ist $|x|$ ein Teiler von $|a_0|$.

Das HORNER-Schema

Die Nullstellen des Polynoms $f(x) = x^3 + 4x^2 - 11x - 30$ können wir nur dann berechnen, wenn wir bereits eine Nullstelle, etwa $x = 3$, durch Probieren gefunden haben.

Ist $x = 3$ eine Nullstelle von $f(x)$, dann folgt aus dem Zerlegungssatz: $f(x) = (x - 3) \cdot g(x)$.

Man sagt dafür auch: „Das Polynom $f(x)$ spaltet den Linearfaktor $(x - 3)$ ab." Das Polynom $g(x)$ der Zerlegung kann immer durch die Ausführung der **Polynomdivision** berechnet werden. $f(x) : (x - 3) = g(x)$.

Bei Division durch einen **Linearfaktor** liefert aber das HORNER-Schema viel schneller die **Koeffizienten** des im Beispiel gesuchten Polynoms $\mathbf{g(x)}$ in der Zerlegung $f(x) = (x - 3) \cdot g(x)$.

- Schreiben Sie alle Koeffizienten des Polynoms

  $f(x) = 1x^3 + 4x^2 - 11x - 30$

  in eine Zeile (*evtl. fehlende Potenzen mit Koeffizient 0 aufnehmen!*) und ziehen Sie vor dem absoluten Glied eine senkrechte Linie.

  Lassen Sie Platz für die zweite Zeile und ziehen Sie eine waagerechte Linie:

	1	4	– 11	– 30
	0	3	21	30
$(x = 3)$	1	7	10	0

- **Die zweite Zeile beginnt immer mit 0!**
- *Die dritte Zeile* beginnt mit der *Summe* aus den darüber stehenden Zahlen in der 1. und 2. Zeile. (Hier: $1 + 0 = 1$).

Diese Zahl 1 der 3. Zeile wird nun mit der Nullstelle $x = 3$ multipliziert und in der 2. Zeile auf den nächsten freien Platz, also unter die 4 der 1. Zeile geschrieben.

Sie erhalten nun in der 3. Zeile das nächste Element, wenn Sie die darüber stehenden Zahlen der 1. und 2. Zeile wieder addieren. (Hier: $4 + 3 = 7$).

Diese Zahl 7 wird nun wieder mit der Nullstelle $x = 3$ multipliziert $(7 \cdot 3 = 21)$ und damit die 2. Zeile fortgeführt.

Die Zahl 10 der 3. Zeile entsteht wieder durch Addition der darüber stehenden Zahlen $(-11 + 21 = 10)$. Das Produkt $10 \cdot 3 = 30$ liefert dann die letzte Zahl der 2. Zeile.

Die Summe $-30 + 30 = 0$ ergibt die letzte Zahl in der 3. Zeile.

Welche Bedeutung haben nun die Zahlen in der 3. Zeile?

- Die *letzte Zahl* der 3. Zeile ist der **Wert** des Polynoms an der Stelle $x = 3$. Bei uns muss an letzter Stelle die Zahl 0 stehen, da $x = 3$ eine Nullstelle von $f(x)$ war bzw. $f(3) = 0$ gilt.

  Damit haben wir zugleich eine *Probe* für die Richtigkeit der Rechnungen, wenn wir durch einen zu einer Nullstelle gehörenden Linearfaktor dividieren!

- Die *restlichen Zahlen* der 3. Zeile ergeben, von links nach rechts gelesen, genau die **Koeffizienten** des Polynoms $\mathbf{g(x)}$, dessen Grad um 1 niedriger ist als der Grad des Polynoms $f(x)$.

Hier gilt: $g(x) = 1x^2 + 7x + 10$

Also: $f(x) = (x-3) \cdot (x^2 + 7x + 10)$

$f(x) = (x-3)(x+2)(x+5)$

$f(x) = 0$ ist demnach erfüllt für $x = 3$ oder $x = -2$ oder $x = -5$.

Beim HORNER-Schema besteht der **Algorithmus**, *nachdem die zweite Zeile mit 0 begonnen wurde*, aus *zwei Schritten:*

1. Schritt: **Addition** der untereinander stehenden Zahlen der 1. und 2. Zeile.

2. Schritt: Die im 1. Schritt erhaltene *Summe* wird mit der Nullstelle **multipliziert.** Mit dem Wert dieses Produktes wird der nächste freie Platz der 2. Zeile besetzt.

Zum Auffinden einer Nullstelle eines Polynoms versuchen Sie es zunächst mit Zahlen x_0, für die gilt:

$|x_0|$ ist ein Teiler von $|a_0|$.

$f(x) = x^3 + x^2 - 5x - 21$

$|a_0| = |-21| = 21$

Infrage kommt also: $x_0 = \pm 1;\ \pm 3;\ \pm 7;\ \pm 21$

$x_0 = 3$ erfüllt die Bedingung $f(3) = 0$

Es gilt also: $f(x) = (x-3) \cdot g(x)$

HORNER-Schema

	1	1	-5	-21
	0	3	12	21
$(x = 3)$	1	4	7	0

$f(x) = (x-3) \cdot (x^2 + 4x + 7)$

Nachdem der Faktor $(x-3)$ von $f(x)$ abgespaltet wurde, wird das verbleibende Polynom $g(x)$ weiter auf Nullstellen untersucht. Die Hilfsmittel sind wieder das HORNER-Schema oder die Lösungsformel für die quadratische Gleichung.

Da $x^2 + 4x + 7 = 0$ keine weiteren Nullstellen hat (Diskriminante $D = 16 - 28 < 0$), haben wir oben bereits die vollständige Zerlegung von $f(x)$ gefunden.

Kann ein Polynom nicht in Linearfaktoren zerlegt werden, so nennt man es irreduzibel.

Beispiel 1

$f(x) = x^3 - 8x^2 + 19x - 12$

$|x|$ ist Teiler von $|-12| = 12$

Infrage kommen:

$x = \pm 1;\ \pm 2;\ \pm 3;\ \pm 4;\ \pm 6;\ \pm 12$

Lösung ist: $x = 1;\ x = 3;\ x = 4$

$f(x) = (x-1) \cdot (x-3) \cdot (x-4)$

Beispiel 2

$f(x) = x^3 - 4x^2 - 19x - 14$

$|x|$ ist Teiler von $|-14| = 14$

Infrage kommen: $x = \pm 1;\ \pm 2;\ \pm 7;\ \pm 14$

Lösung ist: $x = -1;\ x = -2;\ x = 7$

$f(x) = (x+1) \cdot (x+2) \cdot (x-7)$

Beispiel 3

$f(x) = x^4 + 3x^3 + x + 3$

$|x|$ ist Teiler von 3

Infrage kommen: $x = \pm 1; \pm 3$

Lösung ist: $x = -3$

$f(x)$ spaltet den Linearfaktor $(x+3)$ ab und wir erhalten aus der Polynomdivision die Darstellung

$f(x) = (x+3) \cdot (x^3 + 1)$ bzw.

$f(x) = (x+3) \cdot (x+1) \cdot (x^2 - x + 1)$

Aufgabe 23 Gegeben ist der Term $f(x) = \frac{1}{3} \cdot (x^4 - 8x^2 + 7)$ für x aus $\mathbb{R}$.

Wie lautet die vollständige Zerlegung von $f(x)$ in Linearfaktoren?

Aufgabe 24 Zerlegen Sie $f(x) = x^3 - x^2 - 4x + 4$ in Linearfaktoren.

Aufgabe 25 Gegeben ist die Funktion f durch $f(x) = x^2 - |x| - 6$ in $D_f = \mathbb{R}$. Bestimmen Sie die Nullstellen von f.

Aufgabe 26 Gegeben ist die Funktionenschar f_a durch $f_a(x) = x^3 - (a+1) \cdot x^2 + 2ax - a$, a aus $\mathbb{R}$, $D_{f_a} = \mathbb{R}$.

26.1 Für welche Werte von a hat die Funktion f_a
- drei Schnittstellen mit der x-Achse
- eine Schnittstelle und eine Berührstelle
- genau eine Schnittstelle mit der x-Achse?

26.2 Zeigen Sie:
Die Stelle $x = 1$ ist immer eine Schnittstelle.

Aufgabe 27 Geben Sie für die folgenden Terme die vollständige Zerlegung in Linearfaktoren an:

27.1 $f(x) = x^3 - 5x^2 - x + 5$

27.2 $f(x) = x^3 - 2x^2 - 3x$

27.3 $f(x) = x^3 + 3x^2 + 3x + 1$

27.4 $f(x) = x^4 - 6x^3 + 12x^2 - 8x$

27.5 $f(x) = (2 - x)^3 + 1$

27.6 $f(x) = -\frac{1}{6}x^3 + x^2 - \frac{16}{3}$

7.7.2 Symmetrie

Bei der Berechnung der Nullstellen und beim Zeichnen des Graphen einer Funktion sparen wir viel Zeit, wenn der Graph der Funktion Symmetrie aufweist und wir dies auch beachten.

Festlegung:

Eine Funktion f heißt eine **gerade Funktion**, wenn $f(-x) = f(x)$ für alle x aus D_f gilt.

Der Graph einer geraden Funktion f verläuft **achsensymmetrisch** zur $f(x)$-Achse; vergleiche Figur 31.

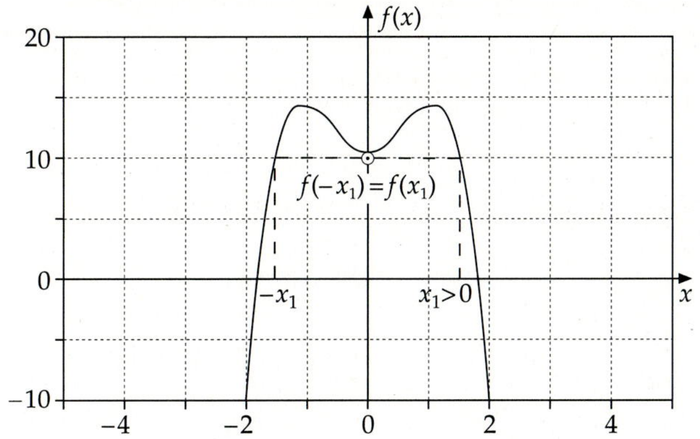

Figur 31

Folgerung:

Eine ganzrationale Funktion ist genau dann eine gerade Funktion, wenn im Funktionsterm nur gerade Hochzahlen (einschließlich 0) vorkommen.

$f(x) = 3x^4 - 7x^2 + 19$

$g(x) = x^6 - 3x^2$

Festlegung:

Eine Funktion f heißt eine **ungerade Funktion**, wenn $f(-x) = -f(x)$ für alle x aus D_f gilt.

Der Graph einer ungeraden Funktion f verläuft **punktsymmetrisch** zum Koordinatenursprung; vergleiche Figur 32.

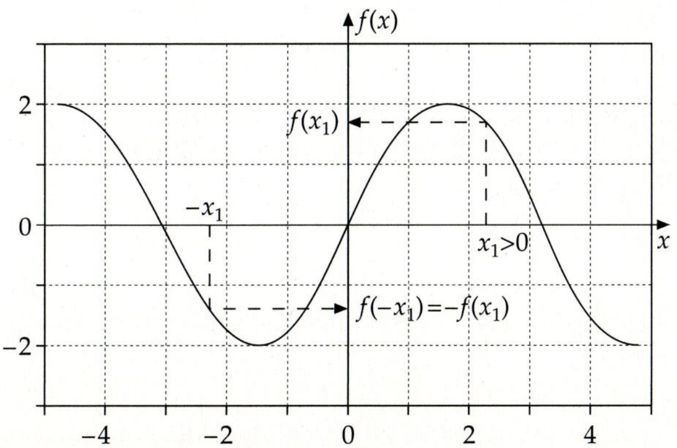

Figur 32

Folgerung:

Eine ganzrationale Funktion ist genau dann eine **ungerade** Funktion, wenn im Funktionsterm nur **ungerade** Hochzahlen vorkommen.

$f(x) = 4x^3 - x; \; g(x) = x^5 + 7x^3 + 2x$

Bei den ganzrationalen Funktionen entscheiden allein die Hochzahlen, ob eine gerade oder eine ungerade Funktion vorliegt. Im allgemeinen Fall setzt man immer $f(-x)$ an und prüft nach, ob man die Gültigkeit von $f(-x) = f(x)$ oder $f(-x) = -f(x)$ nachweisen kann.

$f(x) = |x|, D_f = \mathbb{R}$

$f(-x) = |-x| = |(-1) \cdot x| = |-1| \cdot |x| = 1 \cdot |x| = |x| = f(x)$

Die Funktion f ist eine gerade Funktion.

$g(x) = \sin x, D_g = \mathbb{R}$

$g(-x) = \sin(-x) = -\sin x = -g(x)$

Die Funktion g ist eine ungerade Funktion.

$h(x) = \cos x, D_h = \mathbb{R}$

$h(-x) = \cos(-x) = \cos x = h(x)$

Die Funktion h ist eine gerade Funktion.

$k(x) = |x - 2|, D_k = \mathbb{R}$

$k(-x) = |-x - 2|$

Wir wählen eine beliebige Stelle, z. B. $x = 3$.

$k(-3) = |-3 - 2| = |-5| = 5$

$k(3) \;\; = | \;\; 3 - 2| = |1| = 1$

Wegen $k(-3) \neq k(3)$ und $k(-3) \neq -k(3)$ kann die Funktion k weder gerade noch ungerade sein.

Grenzwertrechnung 7.8

Verhalten der Funktionswerte einer ganzrationalen Funktion für $|x| \to \infty$ 7.8.1

Wir erhalten eine einfache Regel für das Verhalten der Funktionswerte für $|x| \to \infty$, also für $x \to \pm\infty$, wenn wir im Funktionsterm $f(x) = a_n \cdot x^n + a_{n-1} x^{n-1} + \ldots + a_1 x + a_0$, $a_n \neq 0$ den ersten Summanden $a_n x^n$ ausklammern:

$$f(x) = a_n \cdot x^n \cdot \left[1 + \frac{a_{n-1}}{a_n \cdot x} + \ldots + \frac{a_1}{a_n \cdot x^{n-1}} + \frac{a_0}{a_n \cdot x^n}\right]$$

Da die Koeffizienten $a_{n-1}, \ldots, a_0$ feste Zahlen sind, müssen alle in der Klammer stehenden Brüche und damit auch ihre Summe für $x \to \pm\infty$ beliebig klein werden und der Ausdruck in der Klammer nähert sich dem Wert 1 beliebig an. Daraus folgt aber, dass das Verhalten der Funktionswerte $f(x)$ für $|x| \to \infty$ allein durch den Term $a_n \cdot x^n$ bestimmt wird.

Beispiel 1

$f(x) = -3x^2 + x + 5$, $D_f = \mathbb{R}$

Das Verhalten der Funktionswerte $f(x)$ für $|x| \to \infty$ wird durch das Verhalten des Terms $-3x^2$ für $|x| \to \infty$ bestimmt.

Für $x \to +\infty$ strebt $-3x^2$ gegen $-\infty$
Für $x \to -\infty$ strebt $-3x^2$ gegen $-\infty$

Die Funktionswerte $f(x)$ streben für $|x| \to \infty$ jeweils gegen $-\infty$.

Beispiel 2

$g(x) = 5x^3 + x^2 - 8$, $D_g = \mathbb{R}$

Der Term $5x^3$ bestimmt das Verhalten der Funktionswerte $g(x)$ für $|x| \to \infty$.

Für $x \to +\infty$ strebt $5x^3$ gegen $+\infty$
Für $x \to -\infty$ strebt $5x^3$ gegen $-\infty$

Wir schreiben dafür:

$g(x) \to +\infty \quad$ für $x \to +\infty$;
$g(x) \to -\infty \quad$ für $x \to -\infty$.

7.8.2 Grenzwerte von Funktionswerten

Gegeben ist die Funktion f durch

$$f(x) = \frac{x^2 - 4x + 4 + |x-2|}{x-2} \quad \text{mit } D_f = \mathbb{R}\setminus\{2\}$$

Da die Funktion f an der Stelle $x = 2$ **nicht** erklärt ist, können wir für $x = 2$ auch keinen Funktionswert berechnen! In der Umgebung von $x = 2$ (also rechts und links von 2) ist f definiert und die Funktionswerte können dort berechnet werden.

Wenn wir nun untersuchen wollen, wie sich die Funktionswerte $f(x)$ bei der Annäherung an die Stelle 2 verhalten, dann müssen wir für $x \to 2$ zwei Fälle unterscheiden:

1. Fall:

Für die Annäherung an die Stelle 2 **von rechts her** schreibt man $x \to 2 + 0$ (anschaulicher: $x \downarrow 2$) und liest: „x strebt fallend gegen 2".

Für die rechnerische Durchführung gehen wir zunächst mit $h > 0$ an die Stelle $2 + h$ und bilden dort den Funktionswert $f(2 + h)$. Lassen wir nun h gegen 0 streben, dann bewegen wir uns auf der x-Achse von rechts her gegen die Stelle 2 und können untersuchen, ob dabei die Funktionswerte $f(x)$ einem Grenzwert zustreben:

$$\lim_{x \to 2+0} f(x) = \lim_{x \downarrow 2} f(x) = \lim_{h \to 0} f(2+h) =$$

$$= \lim_{h \to 0} \frac{(2+h)^2 - 4(2+h) + 4 + |2+h-2|}{2+h-2}$$

$$= \lim_{h \to 0} \frac{4 + 4h + h^2 - 8 - 4h + 4 + |h|}{h}$$

$$= \lim_{h \to 0} \frac{h^2 + |h|}{h} \qquad |h| = h, \ \text{da } h > 0$$

$$= \lim_{h \to 0} \frac{h^2 + h}{h} = \lim_{h \to 0} \frac{h(h+1)}{h} = \lim_{h \to 0} (h+1) = 1$$

Ergebnis: $\lim_{x \downarrow 2} f(x) = 1$

Strebt x fallend gegen die Stelle 2, so erhalten wir für den *rechtsseitigen* Grenzwert der Funktionswerte die Zahl 1.

2. Fall:

Für die Annäherung an die Stelle 2 **von links her** schreiben wir $x \to 2 - 0$ (anschaulicher: $x \uparrow 2$) und lesen: „x strebt steigend gegen 2".

Wir untersuchen, ob die Funktionswerte $f(x)$ auch in diesem Fall einem Grenzwert zustreben:

$$\lim_{x \to 2-0} f(x) = \lim_{x \uparrow 2} f(x) = \lim_{h \to 0} f(2-h) =$$

$$= \lim_{h \to 0} \frac{(2-h)^2 - 4\,(2-h) + 4 + |2-h-2|}{2-h-2}$$

$$= \lim_{h \to 0} \frac{4 - 4h + h^2 - 8 + 4h + 4 + |-h|}{-h}$$

$$= \lim_{h \to 0} \frac{h^2 + |-h|}{-h} \qquad |-h| = |(-1)\,h| = |-1| \cdot |h| = 1 \cdot h = h$$

$$= \lim_{h \to 0} \frac{h^2 + h}{-h} = \lim_{h \to 0} \frac{h(h+1)}{-h} = \lim_{h \to 0} \frac{h+1}{-1} = -1$$

Ergebnis: $\lim_{x \uparrow 2} f(x) = -1$

Strebt x steigend gegen die Stelle 2, so erhalten wir für den linksseitigen Grenzwert der Funktionswerte die Zahl – 1.

Lösen wir im Funktionsterm $f(x)$ den dort auftretenden Betrag $|x-2|$ mit den Fallunterscheidungen $x - 2 > 0$ bzw. $x > 2$ und $x - 2 < 0$ bzw. $x < 2$, dann gilt zunächst:

$$|x-2| = \begin{cases} x-2 & \text{für } x > 2 \\ -x+2 & \text{für } x < 2 \end{cases}$$

und wir erhalten damit:

$$f(x) = \begin{cases} \dfrac{x^2 - 4x + 4 + x - 2}{x-2} & \text{für } x > 2 \\[2ex] \dfrac{x^2 - 4x + 4 - x + 2}{x-2} & \text{für } x < 2 \end{cases} \quad \text{bzw. } f(x) = \begin{cases} \dfrac{x^2 - 3x + 2}{x-2} & \text{für } x > 2 \\[2ex] \dfrac{x^2 - 5x + 6}{x-2} & \text{für } x < 2 \end{cases}$$

Mit $x^2 - 3x + 2 = (x-2)\,(x-1)$ und $x^2 - 5x + 6 = (x-2)\,(x-3)$ gilt:

$$f(x) = \begin{cases} \dfrac{(x-2)\,(x-1)}{x-2} & \text{für } x > 2 \\[2ex] \dfrac{(x-2)\,(x-3)}{x-2} & \text{für } x < 2 \end{cases}$$

Kürzen wir noch in den beiden Funktionstermen, dann erhalten wir für $f(x)$ die einfache Darstellung:

$$f(x) = \begin{cases} x - 1 & \text{für } x > 2 \\ x - 3 & \text{für } x < 2 \end{cases}$$

Den Verlauf des Graphen von f sehen Sie in der Figur 33.

Figur 33

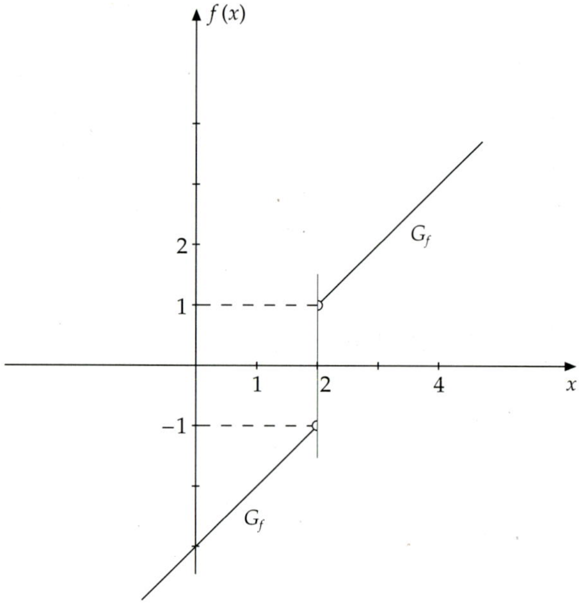

Wichtiger Hinweis:

Hätten wir vor Durchführung der Grenzwertrechnungen den Funktionsterm $f(x)$ vereinfacht, also den Betrag gelöst und gekürzt, dann wären die obigen Rechnungen sehr einfach geworden:

$$\lim_{x \downarrow 2} f(x) = \lim_{h \to 0} f(2+h) = \lim_{h \to 0} (2+h-1) = \lim_{h \to 0} (1+h) = 1$$

$$\lim_{x \uparrow 2} f(x) = \lim_{h \to 0} f(2-h) = \lim_{h \to 0} (2-h-3) = \lim_{h \to 0} (-1-h) = -1$$

Sie müssen dabei natürlich beachten, in welchem Intervall ($x > 2$ oder $x < 2$) Sie sich dabei der Stelle 2 annähern!

Denken Sie beim Lösen von Aufgaben an die Möglichkeit einer Termumformung.

Allgemein legen wir fest:

Grenzwert einer Funktion:
Eine Funktion f besitzt an einer Stelle x_0 einen eindeutig bestimmten Grenzwert, wenn der rechtsseitige und der linksseitige Grenzwert der Funktionswerte existieren und übereinstimmen.

Es gilt also: $\lim\limits_{x \downarrow x_0} f(x) = a = \lim\limits_{x \uparrow x_0} f(x)$

Dafür schreibt man: $\lim\limits_{x \to x_0} f(x) = a$

Bemerkung:

Im obigen Beispiel stimmen der rechtsseitige und der linksseitige Grenzwert der Funktionswerte bei Annäherung an die Stelle $x = 2$ **nicht** überein. Wir können daher auch nicht von einem eindeutig bestimmten Grenzwert der Funktionswerte an der Stelle $x = 2$ sprechen.

8. Der Begriff der Stetigkeit

8.1 Stetigkeit an einer inneren Stelle

Eine Stelle x_0 heißt eine **„innere Stelle"**, wenn x_0 aus D_f ist und eine symmetrische Umgebung besitzt. Das heißt: Die Stellen $x_0 + h$ und $x_0 - h$ liegen für $h > 0$ in D_f.

1. Die Menge $\mathbb{R}$ der reellen Zahlen ist ein beidseitig offenes Intervall und besteht nur aus inneren Stellen.
2. Das beidseitig offene Interval $]a;\, b[$ ($a < x < b$ und $a < b$) besteht nur aus inneren Stellen.
3. Das beidseitig abgeschlossene Intervall $[a;\, b]$ besitzt außer den inneren Stellen $a < x < b$ die beiden Randstellen $x = a$ und $x = b$.
4. Gegeben sei die Funktion $f\colon x \to f(x)$ in $D_f = [a;\, b]$, deren Graph in Figur 34 gezeichnet ist.

Figur 34

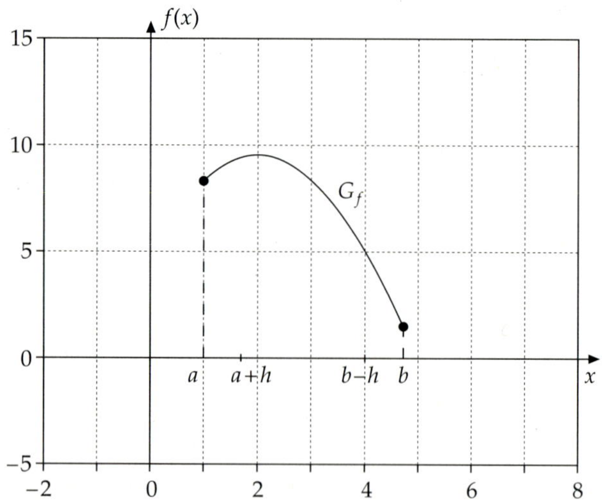

Die **linke** Randstelle $x = a$ hat nur eine **rechtsseitige** Umgebung. Die Stelle $a + h$ liegt für genügend kleines $h > 0$ in D_f und $f(a + h)$ kann gebildet werden.

Die **rechte** Randstelle $x = b$ hat nur eine **linksseitige** Umgebung. Die Stelle $b - h$ liegt für genügend kleines $h > 0$ in D_f und $f(b - h)$ kann gebildet werden.

Alle Stellen x mit $a < x < b$ sind innere Stellen, die eine symmetrische Umgebung besitzen. Diesen inneren Stellen können wir uns von beiden Seiten her annähern.

5. Gegeben sei die Funktion f durch:

   $f\colon x \to f(x) = x^2 - 6x; \quad D_f = [-2; 5]$
   Wir wählen z.B. die innere Stelle $x_0 = 3$ und führen die folgenden Rechnungen durch:

a) Berechnung des Funktionswertes an der Stelle $x_0 = 3$.

$$f(3) = 3^2 - 6 \cdot 3 = 9 - 18 = -9$$

b) Berechnung des rechtsseitigen Grenzwertes der Funktionswerte an der Stelle $x_0 = 3$.

$$\lim_{x \to 3+0} f(x) = \lim_{h \to 0} f(3+h)$$

$$= \lim_{h \to 0} [(3+h)^2 - 6 \cdot (3+h)]$$

$$= \lim_{h \to 0} [9 + 6h + h^2 - 18 - 6h] = -9$$

c) Berechnung des linksseitigen Grenzwertes der Funktionswerte an der Stelle $x_0 = 3$.

$$\lim_{x \to 3-0} f(x) = \lim_{h \to 0} f(3-h)$$

$$\lim_{h \to 0} [(3-h)^2 - 6 \cdot (3-h)]$$

$$\lim_{h \to 0} [9 - 6h + h^2 - 18 + 6h] = -9$$

Ergebnis:

An der inneren Stelle $x_0 = 3$ gilt:

$$\lim_{h \to 0} f(3+h) = \lim_{h \to 0} f(3-h) = f(3) = -9$$

bzw.: $\lim\limits_{x \to 3} f(x) = f(3) = -9$

In Worten können wir diesen Sachverhalt so ausdrücken:

An der inneren Stelle $x_0 = 3$ stimmen der rechtsseitige und der linksseitige Grenzwert der Funktionswerte mit dem an dieser Stelle erklärten Funktionswert überein.

Funktionen, für die an einer inneren Stelle x_0 der Funktionswert $f(x_0)$ mit dem Grenzwert der Funktionswerte an der Stelle x_0 übereinstimmt, sind besonders wichtig. Daher setzen wir allgemein fest:

Definition

Eine Funktion $f\colon x \to f(x)$; x aus D_f heißt an einer inneren Stelle x_0 aus D_f *stetig*, wenn der Grenzwert der Funktionswerte an der Stelle x_0 mit dem an der Stelle x_0 erklärten Funktionswert $f(x_0)$ übereinstimmt, also

$$\lim_{h \to 0} f(x_0 + h) = \lim_{h \to 0} f(x_0 - h) = f(x_0)$$

oder: $\lim\limits_{x \to x_0} f(x) = f(x_0)$

Die vorher untersuchte Funktion

$$f\colon\ x \to f(x) = x^2 - 6x; \quad D_f = [-2; 5]$$

ist nach den Ergebnissen der durchgeführten Rechnungen an der Stelle $x_0 = 3$ stetig.

8.2 Stetigkeit in Randstellen

Wählen wir im Beispiel

$$f\colon\ x \to f(x) = x^2 - 6x; \quad D_f = [-2; 5]$$

die rechte Randstelle $x_0 = 5$, so können wir dort den Funktionswert berechnen:

$$f(5) = 5^2 - 6 \cdot 5 = 25 - 30 = -5$$

An der rechten Randstelle $x_0 = 5$ können wir aber nur den linksseitigen Grenzwert der Funktionswerte untersuchen.

$$\begin{aligned}\lim_{x \to 5-0} f(x) &= \lim_{h \to 0} f(5-h)\\ &= \lim_{h \to 0} [(5-h)^2 - 6 \cdot (5-h)]\\ &= \lim_{h \to 0} [25 - 10h + h^2 - 30 + 6h] = -5\end{aligned}$$

Da an der rechten Randstelle $x_0 = 5$ der Funktionswert mit dem linksseitigen Grenzwert der Funktionswerte übereinstimmt, heißt die Funktion f an der Stelle $x_0 = 5$ **linksseitig stetig.**

Ebenso ergibt die entsprechende Rechnung, dass die obige Funktion f in der linken Randstelle $x_0 = -2$ **rechtsseitig stetig** ist.

Die Rechnung liefert:

$$\lim_{h \to 0} f(-2 + h) = 16 = f(-2)$$

Festlegung:

Eine Funktion f heißt in den Randstellen des Intervalles $[a; b]$ stetig, wenn f in der **linken** Randstelle $x = a$ **rechtsseitig stetig** und in der **rechten** Randstelle $x = b$ **linksseitig stetig** ist.

Stetigkeit auf einem Intervall 8.3

Bisher haben wir nur erklärt, wann eine Funktion f an einer festen Stelle x_0 aus D_f stetig ist.

Durch die folgende Definition wird die Stetigkeit einer Funktion auf einem Intervall erklärt.

Definition:

Eine Funktion f, die in einem Intervall I erklärt ist, heißt *auf diesem Intervall I stetig,* wenn sie in allen inneren Stellen des Intervalles I stetig ist und in den Randstellen, falls diese zum Intervall gehören, einseitige Stetigkeit vorliegt.

Stetigkeit der ganzrationalen Funktionen 8.4

Wenn wir für die Funktion

$$f\colon x \to f(x) = x^2 + 5; \quad D_f = \mathbb{R}$$

die Frage beantworten sollen, ob f in $\mathbb{R}$ stetig ist oder nicht stetig ist, dann müssen wir die Stetigkeit von f an jeder Stelle x_0 aus $\mathbb{R}$ untersuchen.

Wenn wir zeigen können, dass die Funktion f an einer *beliebigen* Stelle x_0 aus $\mathbb{R}$ stetig ist, dann ist f in ganz $\mathbb{R}$ stetig.

Wir wählen daher eine beliebige, aber feste Stelle x_0 aus $\mathbb{R}$ und führen folgende Rechnungen durch:

a) Berechnung des Funktionswertes an der Stelle x_0

$$f(x_0) = x_0^2 + 5$$

b) Berechnung des rechtsseitigen Grenzwertes der Funktionswerte an der Stelle x_0

$$\begin{aligned}\lim_{x \to x_0 + 0} f(x) &= \lim_{h \to 0} f(x_0 + h)\\ &= \lim_{h \to 0} [(x_0 + h)^2 + 5]\\ &= \lim_{h \to 0} [x_0^2 + 2hx_0 + h^2 + 5] = x_0^2 + 5\end{aligned}$$

c) Berechnung des linksseitigen Grenzwertes der Funktionswerte an der Stelle x_0

$$\begin{aligned}\lim_{x \to x_0 - 0} f(x) &= \lim_{h \to 0} f(x_0 - h)\\ &= \lim_{h \to 0} [(x_0 - h)^2 + 5]\\ &= \lim_{h \to 0} [x_0^2 - 2hx_0 + h^2 + 5] = x_0^2 + 5\end{aligned}$$

Ergebnis:

Wegen $\lim\limits_{x \to x_0} f(x) = f(x_0) = x_0^2 + 5$ ist die Funktion f an der Stelle x_0 aus $\mathbb{R}$ stetig. Da die Stelle x_0 aus $\mathbb{R}$ beliebig gewählt war, erhalten wir dasselbe Ergebnis für jede Wahl von x aus $\mathbb{R}$.

Die Funktion f unseres Beispiels ist daher in ganz $\mathbb{R}$ stetig.

Einen Überblick über stetige Funktionen erhalten wir durch Anwendung des folgenden Lehrsatzes:

Sind die Funktionen f in D_f und g in D_g stetig, so gilt:

$f + g$, $f - g$ und $f \cdot g$ sind stetig in $D_f \cap D_g$.

$\frac{f}{g}$ ist stetig in $D_f \cap (D_g \setminus \{x | g(x) = 0\})$

Der Satz sagt also aus, dass die Summe, die Differenz und das Produkt stetiger Funktionen in der gemeinsamen Definitionsmenge wieder stetige Funktionen sind. Der Quotient stetiger Funktionen ist in der Definitionsmenge des Quotienten eine stetige Funktion.

Welche Aussagekraft in diesem Satz steckt, werden wir im Anschluss an zwei kurze Beweise sehen.

1. **Die konstante Funktion**

   $f\colon x \to f(x) = r,\ r$ aus $\mathbb{R}$, $D_f = \mathbb{R}$ ist stetig in $\mathbb{R}$.

Beweis:

Für x_0 aus $\mathbb{R}$ gilt:

a) $f(x_0) = r$

b) $\lim\limits_{h \to 0} f(x_0 + h) = \lim\limits_{h \to 0} (r) = r$

c) $\lim\limits_{h \to 0} f(x_0 - h) = \lim\limits_{h \to 0} (r) = r$

Da x_0 beliebig aus $\mathbb{R}$ gewählt war, ist die Funktion $f\colon x \to f(x) = r$ in ganz $\mathbb{R}$ stetig.

2. **Die lineare Funktion**

   $g\colon x \to g(x) = x,\ D_g = \mathbb{R}$ ist stetig in $\mathbb{R}$.

Beweis:

Für x_0 aus $\mathbb{R}$ gilt:

a) $g(x_0) = x_0$

b) $\lim\limits_{h \to 0} g(x_0 + h) = \lim\limits_{h \to 0} (x_0 + h) = x_0$

c) $\lim\limits_{h \to 0} g(x_0 - h) = \lim\limits_{h \to 0} (x_0 - h) = x_0$

Da x_0 beliebig aus $\mathbb{R}$ gewählt war, ist die Funktion $g\colon x \to g(x) = x$ in ganz $\mathbb{R}$ stetig. Wenden wir nun den Satz an, dass die Summe, die Differenz und das Produkt von in $\mathbb{R}$ stetigen Funktionen wieder stetige Funktionen in $\mathbb{R}$ sind, so folgt:

$f(x) = x + 2$ — f ist stetig in $\mathbb{R}$

$f(x) = x^2$ — f ist stetig in $\mathbb{R}$

$f(x) = 5x^2 + 2x + 3$ — f ist stetig in $\mathbb{R}$

Durch wiederholte Anwendungen des Satzes erhalten wir schließlich als Ergebnis:

Jede ganzrationale Funktion

$f\colon\ x \to f(x) = a_n x^n + a_{n-1} x^{n-1} + \ldots + a_1 x + a_0,\ D_f = \mathbb{R}$ ist in ganz $\mathbb{R}$ eine stetige Funktion.

Erläuterungen zur Figur 35 (vergleiche nächste Seite):

1. Alle Funktionen, deren Graphen in der oberen Reihe dargestellt sind, sind zwar an der Stelle x_0 jeweils definiert, aber die Grenzwerte der Funktionswerte stimmen nicht überein bzw. existieren nicht.
2. Für die Funktionen der mittleren Reihe kann über die Stetigkeit an der Stelle x_0 **keine** Aussage gemacht werden, da die Funktionen dort nicht erklärt sind.
3. In der unteren Reihe ist im 1. Beispiel die Funktion f linksseitig stetig in x_0. Auch die Funktion im letzten Beispiel der unteren Reihe ist an der Stelle x_0 stetig, obwohl sie bei x_0 einen Knick hat. Dass die Schüler dies zunächst bezweifeln, liegt daran, dass sie meinen, eine stetige Funktion müsse überall einen „glatten" Graphen haben. Ein Kennzeichen stetiger Funktionen ist jedoch, dass ihre Graphen nicht „abreißen" und gezeichnet werden können, **ohne** den Zeichenstift abzuheben.

Bemerkung

Sind die Funktionen f und g in $D_f = D_g = \mathbb{R}$ jeweils ganzrationale Funktionen, so nennt man

$$h = \frac{f}{g}, \quad D_h = \mathbb{R} \setminus \{x \mid g(x) = 0\}$$

eine **gebrochenrationale Funktion.** Nach dem oben angegebenen Lehrsatz ist daher auch jede gebrochenrationale Funktion h in ihrer Definitionsmenge D_h eine stetige Funktion.

Fassen wir schließlich die **ganzrationalen** und die **gebrochenrationalen** Funktionen zusammen zu den **rationalen** Funktionen, so gilt:

Jede rationale Funktion ist in ihrer Definitionsmenge eine stetige Funktion.

In Figur 35 sind die Graphen von Funktionen gezeichnet, die an der Stelle x_0 stetig, unstetig bzw. weder stetig noch unstetig sind.

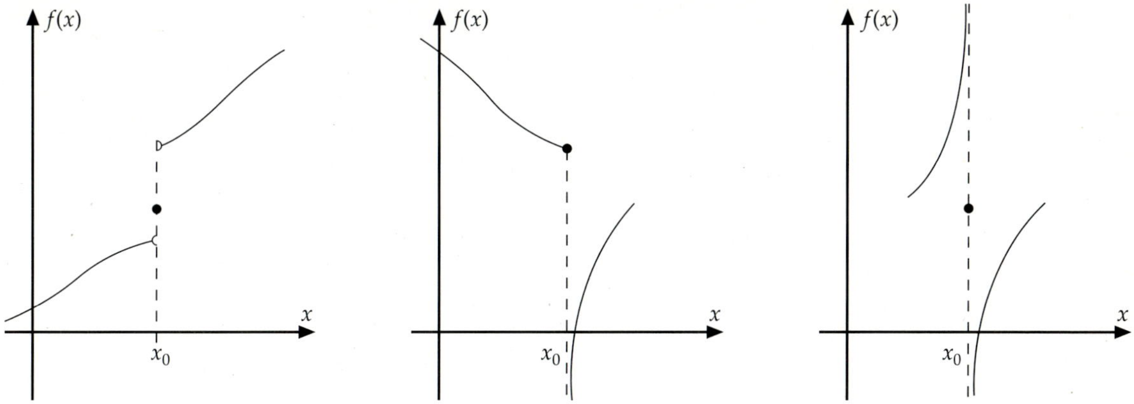

f jeweils unstetig in x_0

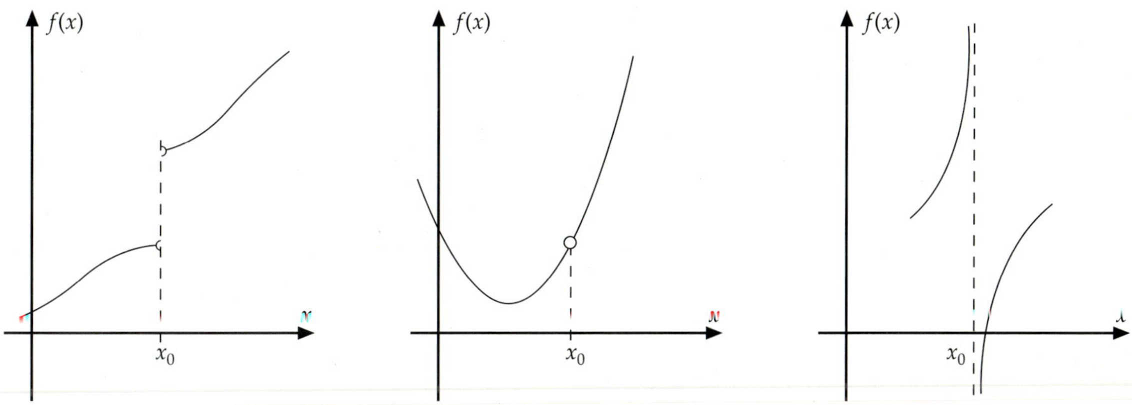

f jeweils weder stetig noch unstetig in x_0

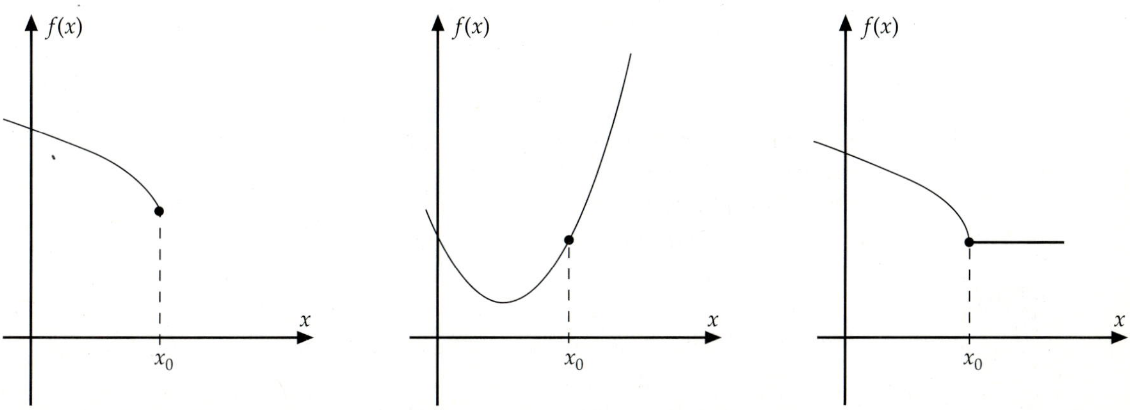

f linksseitig stetig in x_0; *f* jeweils stetig in x_0

Figur 35

Beachten Sie dabei:

Wenn $f(x_0)$ existiert, dann ist nur die Entscheidung zwischen stetig und unstetig möglich.

Ist f an der Stelle x_0 nicht erklärt, dann ist die Funktion f bei x_0 weder stetig noch unstetig.

8.5 Lehrsätze für stetige Funktionen

Wir betrachten eine auf einem abgeschlossenen Intervall $[a; b]$ stetige Funktion f, vergleiche Figur 36.

Figur 36

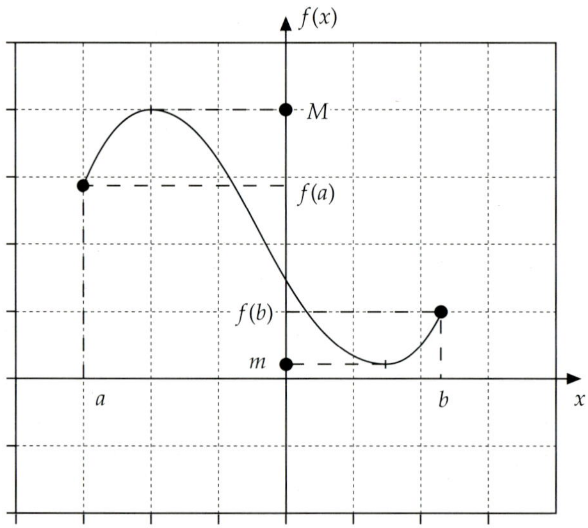

Eine auf $[a; b]$ stetige Funktion f kann dort keine beliebigen Funktionswerte annehmen. Die Menge aller auftretenden Funktionswerte $f(x)$ ist wieder ein abgeschlossenes Intervall $m \leqq f(x) \leqq M$, vergleiche Figur 36.

Extremwertsatz

Eine auf einem abgeschlossenen Intervall $[a; b]$ stetige und nichtkonstante Funktion ist dort beschränkt und besitzt einen kleinsten wie auch einen größten Funktionswert.

Zwischenwertsatz

Eine auf einem abgeschlossenen Intervall $[a; b]$ stetige Funktion f nimmt jede zwischen $f(a)$ und $f(b)$ gelegene reelle Zahl r mindestens einmal als Funktionswert an.

Nullstellensatz

Eine auf einem abgeschlossenen Intervall $[a; b]$ stetige Funktion f, die in den Randstellen a und b Funktionswerte mit verschiedenen Vorzeichen hat ($f(a) \cdot f(b) < 0$), hat im Innern des Intervalles $[a; b]$ mindestens eine Nullstelle. Es gilt: $f(c) = 0$ mit $a < c < b$.

Wir rechnen abschließend ein Beispiel durch, in welchem eine abschnittsweise erklärte Funktionenschar an der Nahtstelle auf Stetigkeit untersucht werden soll:

Gegeben ist die in $\mathbb{R}$ erklärte Funktionenschar f_a durch:

$$f_a(x) = \begin{cases} x^2 + 4x + 1 & \text{für } x \leqq 2 \\ ax + 5 & \text{für } x > 2,\ a \text{ aus } \mathbb{R} \end{cases}$$

Für welche Wahl von a ist die zugehörige Funktion an der Stelle $x = 2$ (sie heißt auch „Nahtstelle") stetig?

Bevor wir an die Lösung der Aufgabe gehen, sehen wir uns die Vorgabe der Funktionenschar f_a etwas genauer an:

1. Für $x \leqq 2$ lautet die Zuordnungsvorschrift $x^2 + 4x + 1$. Wir könnten auch sagen, dass eine in $\mathbb{R}$ stetige Funktion g mit $g(x) = x^2 + 4x + 1$ für f_a auf das rechtsseitig abgeschlossene Intervall $x \leqq 2$ eingeschränkt wurde. Daher stimmen der linksseitige Grenzwert der Funktionswerte und der an der Stelle $x = 2$ erklärte Funktionswert $f(2)$ überein.

2. Für $x > 2$ lautet die Zuordnungsvorschrift $ax + 5$. Der rechtsseitige Grenzwert der Funktionswerte muss jetzt über die Limes-Rechnung ermittelt werden!

Nun aber zur Lösung der Aufgabe:

Damit die Funktion des obigen Beispiels an der Stelle $x = 2$ überhaupt stetig sein kann, muss der Funktionswert $f(2)$ erklärt sein.

$f(2) = 2^2 + 4 \cdot 2 + 1 = 4 + 8 + 1 = 13$

Linksseitiger Grenzwert der Funktionswerte:

Nach den obigen Ausführungen gilt:

$$\lim_{x \to 2-0} f(x) = f(2) = 13$$

Rechtsseitiger Grenzwert der Funktionswerte:

$$\lim_{x \to 2+0} f(x) = \lim_{h \to 0} f(2+h) = \lim_{h \to 0} (a(2+h)+5)) =$$

$$= \lim_{h \to 0} (2a + ah + 5) = 2a + 5$$

Damit haben wir die allgemeine Lösung für den rechtsseitigen Grenzwert der Funktionswerte gefunden.

Um nun den Wert von a zu bestimmen, für den f_a an der Stelle $x = 2$ stetig ist, setzen wir die Ausdrücke für den linksseitigen und rechtsseitigen Grenzwert der Funktionswerte gleich:

$$13 = 2a + 5$$

Wir erhalten als Lösung $a = 4$.

Ergebnis:

Die Funktion f_4 mit

$$f_4(x) = \begin{cases} x^2 + 4x + 1 & \text{für } x \leqq 2 \\ 4x + 5 & \text{für } x > 2 \end{cases}$$

ist an der Stelle $x = 2$ stetig.

Die Funktion f_4 ist also in ganz $\mathbb{R}$ stetig.

Aufgabe 28 Zeigen Sie, dass die Funktion f

$$f\colon x \to f(x) = \begin{cases} \sqrt{x} & \text{für } x \geqq 0 \\ \sqrt{-x} & \text{für } x < 0 \end{cases}$$

in ganz $\mathbb{R}$ stetig ist.

Aufgabe 29 Gegeben ist die Funktionenschar f_k durch:

$$f_k(x) = \begin{cases} x^3 - x^2 - x + 1 & \text{für } x < 2 \\ -\frac{1}{4} \cdot kx^2 + \frac{1}{2}(k^2 + 1) \cdot x & \text{für } x \geqq 2,\ k \text{ aus } \mathbb{R}^+ \end{cases}$$

Für welche Wahl von k aus $\mathbb{R}^+$ ist die Funktion f_k bei $x = 2$ stetig?

Gegeben ist die Funktionenschar f_a durch: **Aufgabe 30**

$$f_a(x) = \begin{cases} x - |x| & \text{für } x \leqq -3 \\ -ax & \text{für } x > -3,\ a \text{ aus } \mathbb{R} \end{cases}$$

Bestimmen Sie a so, dass f_a bei $x = -3$ stetig ist.

Gegeben ist die Funktionenschar g_k durch: **Aufgabe 31**

$$g_k(x) = \begin{cases} -x^2 + kx - 1 & \text{für } x \leqq -1 \\ -\frac{2}{3} \cdot (x^3 - 2) & \text{für } x > -1,\ k \text{ aus } \mathbb{R} \end{cases}$$

Bestimmen Sie k so, dass g_k bei $x = -1$ stetig ist.

Gegeben ist die in $\mathbb{R}$ definierte Funktion f: **Aufgabe 32**

$$f\colon\ x \to f(x) = \begin{cases} (x+4)^2 + 2 & \text{für } x \leqq -4 \\ \frac{1}{2} \cdot |x| & \text{für } x > -4 \end{cases}$$

Stellen Sie den Term $f(x)$ ohne Absolutbetrag dar und zeigen Sie, dass f in ganz $\mathbb{R}$ stetig ist.

Stetigkeit der elementaren Funktionen 8.6

Bezeichnet man mit $D_f = D_{f(x)} = D_{max}$ die in $\mathbb{R}$ maximal mögliche Definitionsmenge einer Funktion, dann gilt:

1. Ganzrationale Funktionen sind in $\mathbb{R}$ stetig.
2. Gebrochenrationale Funktionen sind in D_{max} stetig.
3. Die Funktionen sin, cos, tan und cot sind in D_{max} stetig.
4. Die Exponential- und Logarithmusfunktionen sind in D_{max} stetig.
5. Wurzelfunktionen sind in D_{max} stetig.
6. Bei abschnittsweise erklärten Funktionen muss an den Nahtstellen, sofern diese zur Definitionsmenge gehören, auf Stetigkeit untersucht werden.

7. Die Stetigkeit der Umkehrfunktion

Ist die Funktion f auf einem Intervall definiert, umkehrbar und stetig, dann ist auch die Umkehrfunktion f^{-1} zur Funktion f auf diesem Intervall eine stetige Funktion.

Gegeben ist die Funktion f durch:

$f\colon x \to x^2$, x aus $D_f = \mathbb{R}_0^+$, f stetig in $\mathbb{R}_0^+$

Die Funktion f ist die uns bereits bekannte auf $\mathbb{R}_0^+$ beschränkte Quadratfunktion. Die Umkehrfunktion f^{-1} zur Funktion f lautet:

$f^{-1}\colon x \to \sqrt{x}$, x aus $D_{f^{-1}} = \mathbb{R}_0^+$

und wird als Wurzelfunktion bezeichnet.

Da die Funktion f in $\mathbb{R}_0^+$ umkehrbar und stetig ist, ist auch die Funktion f^{-1} eine in $\mathbb{R}_0^+$ stetige Funktion.

8.7 Stetigkeit verketteter Funktionen

Wir zeigen zunächst in drei Beispielen, was man unter einer **Verkettung** von zwei Funktionen versteht.

Die Vorgabe der einzelnen Funktionen weicht dabei von der bisherigen Form ab.

Beispiel 1 Ist in der Funktion $y = u^2$ (u aus $\mathbb{R}$) der Term u selbst eine Funktion von x, etwa $u = 3x^2 + 5$ (x aus $\mathbb{R}$), so erhalten wir durch Einsetzen die zusammengesetzte Funktion $y = (3x^2 + 5)^2$.

Die Quadratfunktion $y = u^2$ wird dabei als **äußere Funktion,** die ganzrationale Funktion $u = 3x^2 + 5$ als **innere Funktion** bezeichnet.

Dieser Vorgang wird als Zusammensetzung oder **Verkettung** von zwei Funktionen bezeichnet.

Beispiel 2 Wie lautet die Verkettung der Funktion $y = u^3$ (u aus $\mathbb{R}$) mit der Funktion $u = \sin x$ (x aus $\mathbb{R}$)?

Ergebnis: $y = (\sin x)^3$, x aus $\mathbb{R}$.

Beispiel 3 Die Funktion $y = \sqrt{x^2 + 1}$, x aus $\mathbb{R}$, soll als Verkettung dargestellt werden.

Hinweis zur Auflösung einer Verkettung:

Sie erhalten immer zuerst die innere und dann die äußere Funktion, wenn Sie versuchen, an einer festen Stelle x_0 den Funktionswert der zusammengesetzten Funktion zu berechnen.

Für das obige Beispiel heißt das:

1. Es muss zunächst $x_0^2 + 1$ berechnet werden.

   $u = x^2 + 1$ ist die **innere Funktion.**

2. Aus $x_0^2 + 1$ wird jetzt die Wurzel gezogen.

   $y = \sqrt{u}$ bzw. $y = u^{1/2}$ ist die **äußere Funktion.**

Damit ergibt sich die Verkettung:

$y = u^{1/2}$ mit $u = x^2 + 1$ und x aus $\mathbb{R}$.

Auch bei einer mehrfachen Verkettung führt der obige Hinweis zum Erfolg.

$y = [\sin(x + 1)]^2$, x aus $\mathbb{R}$

Aus der Reihenfolge der Berechnung eines Funktionswertes erhalten Sie:

$u = x + 1$	innere Funktion
$v = \sin u$	mittlere Funktion (nächstäußere Funktion)
$y = v^2$	äußere Funktion.

Festlegung der Verkettung von Funktionen

Man erhält die Verkettung der Funktion f: $y = f(u)$ mit der Funktion g: $u = g(x)$, wenn man im Term der Funktion f die Variable u durch den Funktionsterm $g(x)$ ersetzt.

Die Verkettung von f mit g wird mit $f \circ g$ (gelesen: f verkettet mit g) bezeichnet. Dabei wird g als **innere Funktion** und f als **äußere Funktion** bezeichnet.

Die Funktionsgleichung der Verkettung $f \circ g$ lautet $f(g(x))$.

Es gilt der wichtige

Verkettungssatz für stetige Funktionen

Ist die Funktion g: $u = g(x)$ stetig in x_0 und ist die Funktion f: $y = f(u)$ stetig in $u_0 = g(x_0)$, dann ist auch die Verkettung $f \circ g$: $x \rightarrow f(g(x))$ eine in x_0 stetige Funktion.

$g\colon\ u = g(x) = \cos x$

$f\colon\ y = f(u) = u^2$

$D_g = D_f = \mathbb{R}$

Die Verkettung

$f \circ g\colon\ x \to f(g(x)) = (\cos x)^2$

ist dann eine in ganz $\mathbb{R}$ stetige Funktion.

Gebrochenrationale Funktionen

9.

Erklärung der gebrochenrationalen Funktion

9.1

Werden die Funktionsterme von zwei ganzrationalen Funktionen (sie heißen auch „Polynomfunktionen") addiert, subtrahiert oder multipliziert, dann erhält man wieder ganzrationale Terme mit der maximalen Definitionsmenge $\mathbb{R}$. Dagegen treten völlig neue Sachverhalte auf, wenn man den Quotienten aus zwei Polynomen als Funktionsterm wählt.

Gebrochenrationale Funktion:

Ist der Funktionsterm der Funktion f ein Quotient aus zwei Polynomen in x (Zählerpolynom $Z(x)$ und Nennerpolynom $N(x)$), so heißt f eine **gebrochenrationale Funktion.**

$$f\colon\ x \to f(x) = \frac{Z(x)}{N(x)} = \frac{a_n x^n + a_{n-1} x^{n-1} + \ldots + a_1 x + a_0}{b_m x^m + b_{m-1} x^{m-1} + \ldots + b_1 x + b_0}$$

Für das Nennerpolynom wird $m \geqq 1$ vorausgesetzt.

Bemerkung:

Die ganzrationalen Funktionen (Polynomfunktionen) und die gebrochenrationalen Funktionen werden gemeinsam als **rationale Funktionen** bezeichnet. Die Bezeichnung geht auf die Tatsache zurück, dass der Funktionsterm $f(x)$ schrittweise aus der Variablen x und den reellen Zahlen nur unter Anwendung der vier Grundrechenarten aufgebaut werden kann.

Bestimmung der Definitionsmenge:

Da wir die Division durch 0 stets ausschließen müssen, erhalten wir für eine gebrochenrationale Funktion f mit $f(x) = \frac{Z(x)}{N(x)}$ die in $\mathbb{R}$ maximale Definitionsmenge $D_f = D_{f(x)}$, wenn wir die Nullstellen des Nennerpolynoms $N(x)$, also die Lösungen der Gleichung $N(x) = 0$, aus $\mathbb{R}$ herausnehmen:

$$D_f = D_{f(x)} = \mathbb{R} \setminus \{x \mid N(x) = 0\}$$

Beispiel 1

$$f(x) = \frac{3x^4 + 2x - 7}{x^2 - 4}; \quad \text{gesucht ist } D_f$$

$N(x) = x^2 - 4 = (x-2)(x+2)$; $N(x) = 0$ für $x = 2$ oder $x = -2$

Es gilt also: $D_f = \mathbb{R} \setminus \{-2; 2\}$

Beispiel 2 $g(x) = \frac{x-2}{x^2+1}$; gesucht ist D_g

Es gilt $D_g = \mathbb{R}$, da das Nennerpolynom $N(x) = x^2 + 1$ in $\mathbb{R}$ keine Nullstellen hat.

9.2 Nullstellen gebrochenrationaler Funktionen

Wie bisher gilt natürlich auch für gebrochenrationale Funktionen, dass eine Stelle x_0 aus der Definitionsmenge eine Nullstelle von f ist, wenn $f(x_0) = 0$ gilt. Die Stolperstelle bei der Bestimmung von Nullstellen von gebrochenrationalen Funktionen ist aber, dass oft die Nullstellen des Zählerpolynoms $Z(x)$ in $\mathbb{R}$ berechnet werden und dann die Definitionsmenge D_f nicht beachtet wird.

Gesucht sind die Nullstellen der Funktion

$$f: x \to f(x) = \frac{(x-2)(x-4)(x+3)^2}{(x+5)(x-4)} \quad \text{mit } D_f = \mathbb{R} \setminus \{-5; 4\}$$

Betrachten wir die Gleichung $Z(x) = 0$ in $\mathbb{R}$, dann erhalten wir die Stellen $x = 2$, $x = -3$ und $x = 4$.

Die Stelle $x = 4$ ist zwar eine Nullstelle des Zählerpolynoms $Z(x)$ in $\mathbb{R}$, **aber keine Nullstelle von *f*,** da $x = 4$ nicht in der Definitionsmenge D_f enthalten ist!

Die obige Funktion f hat also die Nullstellen $x = 2$ und $x = -3$.

Bemerkung:

Ebenso wie in Kapitel 7.7.1 gilt auch hier, dass die Hochzahl des Linearfaktors, der zu einer Nullstelle führt, die *Art* der Nullstelle festlegt:

$(x-2) = (x-2)^1$ führt zur Nullstelle $x = 2$.

Die Nullstelle $x = 2$ ist also eine **Schnittstelle,** da der zugehörige Linearfaktor mit **ungerader** Hochzahl auftritt.

$(x+3)^2$ führt zur Nullstelle $x = -3$.

Die Nullstelle $x = -3$ ist also eine **Berührstelle**, da der zugehörige Linearfaktor mit **gerader** Hochzahl auftritt.

Kürzen im Funktionsterm

Wir werden nun eine Überlegung anstellen, deren Ergebnis bei der Untersuchung von gebrochenrationalen Funktionen von entscheidender Bedeutung sein wird. Es geht dabei um die Frage, ob man im Funktionsterm einer gebrochenrationalen Funktion einen Linearfaktor des Zählers gegen denselben Linearfaktor im Nenner kürzen darf und ob dabei die Funktion verändert wird oder nicht.

Wir betrachten ein Beispiel:

$$f:\ x \to f(x) = \frac{(x+2)(x-3)}{x-3} \quad \text{mit } D_f = \mathbb{R}\setminus\{3\}$$

Da für x aus D_f der Linearfaktor $(x-3)$ immer von 0 verschieden ist, bedeutet das Kürzen dieses Faktors, dass im Zähler und Nenner immer dieselbe reelle Zahl $r \neq 0$ gekürzt wird. Weil das Kürzen nur eine Formänderung eines Bruches **ohne Wertänderung** ist, wird auch die Funktion f durch das Kürzen nicht verändert. Die Definitionsmenge D_f muss **vor dem Kürzen** bestimmt werden.

Wir merken uns:

Kürzen im Funktionsterm:

Unter Beibehaltung der Definitionsmenge darf im Funktionsterm gebrochenrationaler Funktionen gekürzt werden.

Im obigen Beispiel gilt also:

$$f:\ x \to f(x) = x + 2 \quad \text{mit } D_f = \mathbb{R}\setminus\{3\}$$

Die Verwendung der gekürzten Darstellung von $f(x)$ vereinfacht die Grenzwertrechnung bei der Untersuchung des Verhaltens der Funktionswerte in der Umgebung von Definitionslücken ganz erheblich:

Wir untersuchen das Verhalten der Funktionswerte bei Annäherung an die Stelle $x = 3$ für die obige Funktion f:

$$\lim_{x \downarrow 3} f(x) = \lim_{h \to 0} f(3 + h) = \lim_{h \to 0} (3 + h + 2) = 5$$

$$\lim_{x \uparrow 3} f(x) = \lim_{h \to 0} f(3 - h) = \lim_{h \to 0} (3 - h + 2) = 5$$

Den Verlauf des Graphen der Funktion f sehen Sie in Figur 37.

Figur 37

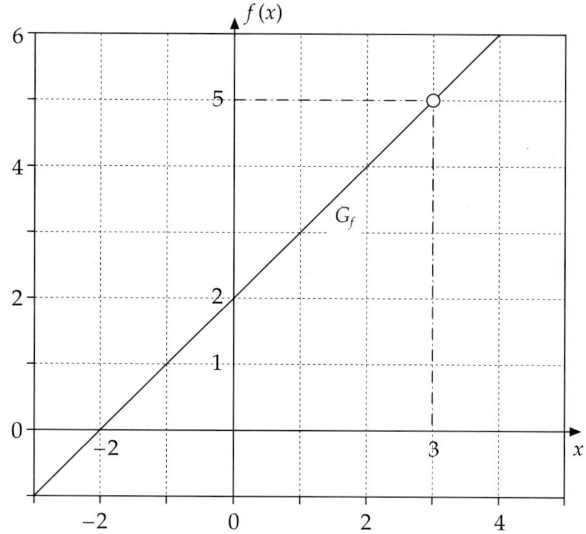

Beachten Sie, dass zwar der Grenzwert $\lim\limits_{x \to 3} f(x) = 5$ existiert, aber die Funktion f an der Stelle $x = 3$ **nicht** erklärt ist. Der Graph der Funktion f enthält daher den Punkt (3; 5) **nicht.**

Zur Untersuchung auf Nullstellen rechnen wir noch ein Beispiel durch:

Gegeben ist die Funktion

$$g\colon x \to g(x) = \frac{x^3 + 3x^2}{x^2 + 3x} \quad \text{mit } D_g = D_{g(x)}$$

Die Definitionsmenge D_g läßt sich einfach bestimmen, wenn wir vorher den Zähler und den Nenner in Linearfaktoren zerlegen.

Die Zerlegung lautet: $g(x) = \dfrac{x^2 (x + 3)}{x (x + 3)}$

Daraus erhalten wir $D_g = \mathbb{R}\setminus\{0; -3\}$.

Die gekürzte Darstellung lautet: $g(x) = x$ mit $D_g = \mathbb{R}\setminus\{0, -3\}$.

Da die Gleichung $g(x) = 0$ in D_g **keine** Lösung hat, hat die Funktion g auch **keine** Nullstellen!

Behebbare Definitionslücken 9.3

Gegeben ist die Funktion

$$f\colon x \to f(x) = \frac{(x+2)(x-3)^2}{x-3} \quad \text{mit } D_f = \mathbb{R}\setminus\{3\}$$

Um das Verhalten der Funktionswerte bei Annäherung an die Definitionslücke $x = 3$ zu untersuchen, verwenden wir mit Vorteil die gekürzte Darstellung von $f(x)$:

$$f(x) = (x+2)(x-3) \quad \text{mit } D_f = \mathbb{R}\setminus\{3\}$$

Nun führen wir folgende Rechnungen durch:

1. *Rechtsseitiger Grenzwert der Funktionswerte:*

$$\lim_{x \downarrow 3} f(x) = \lim_{h \to 0} f(3+h) = \lim_{h \to 0} (3+h+2)(3+h-3) = \lim_{h \to 0} (5+h)(h) = 0$$

2. *Linksseitiger Grenzwert der Funktionswerte:*

$$\lim_{x \uparrow 3} f(x) = \lim_{h \to 0} f(3-h) = \lim_{h \to 0} (3-h+2)(3-h-3) = \lim_{h \to 0} (5-h)(-h) = 0$$

Es gilt also: $\lim_{x \to 3} f(x) = 0$

Der Verlauf des Graphen von f ist in der Figur 38 dargestellt. Beachten Sie, dass der Graph von f den Punkt (3; 0) **nicht** enthält, also dort ein „Loch" hat.

Mithilfe der Funktion f unseres Beispieles können wir nun eine **neue Funktion** g erklären, die in $\mathbb{R}\setminus\{3\}$ mit der Funktion f übereinstimmt, aber an der Stelle $x = 3$ einen Funktionswert r (r aus $\mathbb{R}$) hat, den wir *beliebig* vorgeben können:

$$g(x) = \begin{cases} f(x) & \text{für } x \text{ aus } \mathbb{R}\setminus\{3\} \\ r & \text{für } x = 3 \end{cases}$$

Figur 38

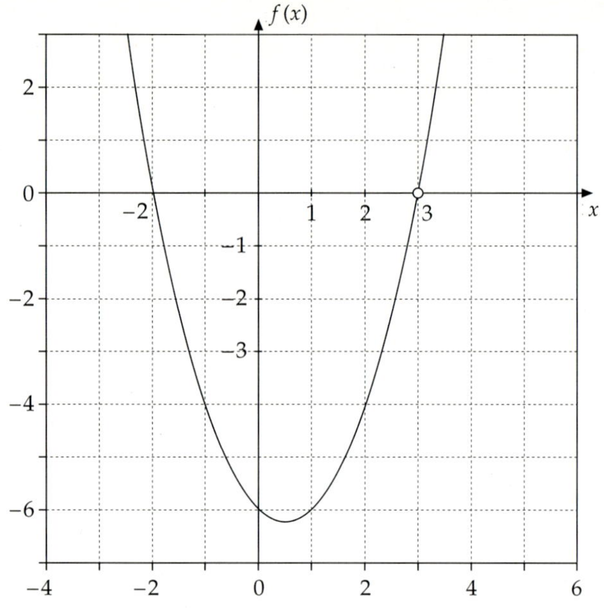

Die so konstruierte Funktion g ist damit auch an der Stelle $x = 3$ erklärt und heißt eine **Fortsetzung der Funktion f.**

Ein Blick auf die Figur 38 zeigt aber, dass es unter allen möglichen Fortsetzungen von f genau eine gibt, die an der Stelle $x = 3$ dann sogar **stetig** ist. Dazu brauchen wir als Funktionswert für die Fortsetzung an der Stelle $x = 3$ nur den Grenzwert $\lim\limits_{x \to 3} f(x) = 0$ zu wählen.

Jetzt stimmt an der Stelle $x = 3$ der Grenzwert der Funktionswerte mit dem dort erklärten Funktionswert $g(3) = 0$ überein, d.h. aber, dass die Funktion g an der Stelle $x = 3$ **stetig** ist.

Diese neue Funktion g mit

$$g(x) = \begin{cases} f(x) & \text{für } x \text{ aus } \mathbb{R}\backslash\{3\} \\ 0 & \text{für } x = 3 \end{cases}$$

wird deshalb auch als **stetige Fortsetzung** der Funktion f bezeichnet.
Das Beispiel gibt Anlass für die folgenden Festlegungen:

Behebbare Definitionslücke:

Existiert für eine gebrochenrationale Funktion f an einer Definitionslücke x_0 der Grenzwert $\lim\limits_{x \to x_0} f(x) = A$, so heißt die Stelle x_0 eine **behebbare Definitionslücke** der Funktion f.

Der Graph von f enthält den Punkt $(x_0; A)$ **nicht.**

Fortsetzung

Jede Funktion, die durch

$$g(x) = \begin{cases} f(x) & \text{für } x \text{ aus } D_f \\ r & \text{für } x = x_0 \end{cases}$$

erklärt ist, heißt eine **Fortsetzung von *f*.**

Stetige Fortsetzung

Unter allen Fortsetzungen von *f* gibt es genau eine **stetige Fortsetzung *g*:**

$$g(x) = \begin{cases} f(x) & \text{für } x \text{ aus } D_f \\ A & \text{für } x = x_0 \quad \text{mit } A = \lim\limits_{x \to x_0} f(x) \end{cases}$$

Bemerkung:

In der vollständigen Zerlegung des Funktionsterms in Linearfaktoren können Sie die behebbaren Definitionslücken leicht erkennen: Eine Definitionslücke ist behebbar, wenn der zugehörige Linearfaktor entweder mit gleicher Hochzahl im Zähler und im Nenner auftritt oder im Zähler mit einer größeren Hochzahl als im Nenner steht.

Polstellen 9.4

Bisher haben wir Fälle untersucht, in denen sich gemeinsame Linearfaktoren von Zähler und Nenner entweder vollständig wegkürzen lassen oder nach dem Kürzen der Linearfaktor im Zähler noch erhalten blieb. Die Nullstellen dieser Linearfaktoren haben wir behebbare Definitionslücken genannt.
Wir wenden uns nun denjenigen Fällen zu, in denen nach dem Kürzen von gemeinsamen Linearfaktoren des Zählers und des Nenners jetzt im **Nenner** der Linearfaktor erhalten bleibt.

Beispiel 1

Gegeben ist die Funktion *f* durch

$$f(x) = \frac{(x+2)(x-3)}{(x-3)^2} \quad \text{mit } D_f = \mathbb{R}\setminus\{3\}$$

Wir kürzen unter Beibehaltung der Definitionsmenge und erhalten:

$$f(x) = \frac{x+2}{x-3} \quad \text{mit } D_f = \mathbb{R}\setminus\{3\}$$

Das Verhalten der Funktionswerte bei Annäherung an die Definitionslücke $x = 3$ untersuchen wir durch Grenzwertrechnung:

1. Rechtsseitige Annäherung:

$$\lim_{x \to 3+0} f(x) = \lim_{h \to 0} f(3+h) = \lim_{h \to 0} \frac{3+h+2}{3+h-3} = \lim_{h \to 0} \frac{5+h}{h} = \lim_{h \to 0} \left(\frac{5}{h} + 1\right)$$

Der Grenzwert existiert nicht, da $\frac{5}{h} \to \infty$ für $h \to 0$ ist.

Wir schreiben in symbolischer Form: $\lim\limits_{x \to 3+0} f(x) = \infty$.

2. Linksseitige Annäherung:

$$\lim_{x \to 3-0} f(x) = \lim_{h \to 0} f(3-h) = \lim_{h \to 0} \frac{3-h+2}{3-h-3} = \lim_{h \to 0} \frac{5-h}{-h} = \lim_{h \to 0} \left(-\frac{5}{h} + 1\right)$$

Der Grenzwert existiert nicht, da $-\frac{5}{h} \to -\infty$ für $h \to 0$ ist.

Wir schreiben in symbolischer Form: $\lim\limits_{x \to 3-0} f(x) = -\infty$.

Die Definitionslücke $x = 3$ der Funktion f heißt wegen des vorliegenden Verhaltens der Funktionswerte eine **Polstelle von f mit Zeichenwechsel der Funktionswerte.**

Der Verlauf des Graphen von f ist in der Figur 39 eingetragen.

Figur 39

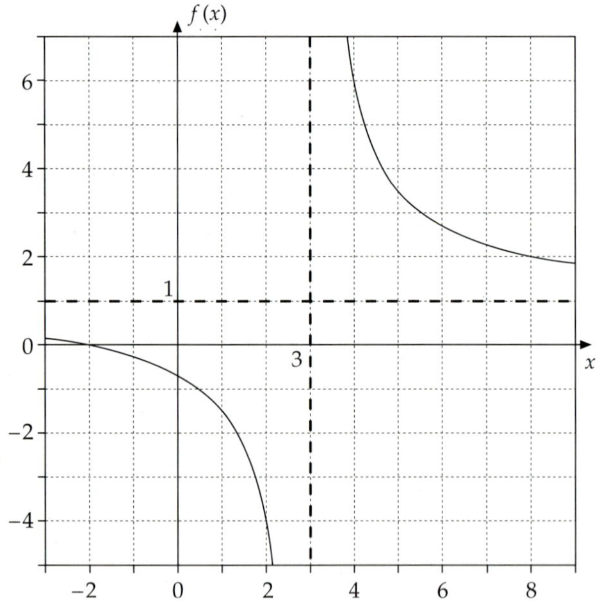

Bemerkung:

Im Nenner der *gekürzten Darstellung* steht der Linearfaktor $(x - 3)$ wegen $(x-3) = (x-3)^1$ mit ungerader Hochzahl.

Für alle Werte von x, die kleiner als 3 sind, ist dieser Faktor negativ und bleibt auch wegen der ungeraden Hochzahl negativ.

Beispiel: $(2{,}9 - 3)^1 = (-0{,}1)^1 = -0{,}1$

Für alle Werte von x, die größer als 3 sind, ist dieser Faktor positiv und bleibt auch bei ungerader Hochzahl positiv. Man sagt dazu kurz: „Ein Linearfaktor mit ungerader Hochzahl hat beim Durchgang durch seine Nullstelle Zeichenwechsel."

Da also die **ungerade** Hochzahl des Linearfaktors $(x - 3)$ im Nenner der **gekürzten Darstellung von** $f(x)$ dieses Verhalten der Funktionswerte bestimmt, nennt man die Stelle $x = 3$ auch eine **Polstelle von** f **mit ungerader Ordnung.**

Die Gerade $x = 3$ heißt **Polasymptote.**

Beispiel 2

Gegeben ist die Funktion f durch

$$f(x) = \frac{(x-2)(x-4)}{(x-4)^3} \quad \text{mit } D_f = \mathbb{R}\setminus\{4\}$$

Gekürzte Darstellung: $f(x) = \dfrac{x-2}{(x-4)^2}$ mit $D_f = \mathbb{R}\setminus\{4\}$

Das Verhalten der Funktionswerte in der Umgebung von $x = 4$ wird durch Grenzwertrechnung untersucht:

1. **Rechtsseitige Annäherung:**

$$\lim_{x \to 4+0} f(x) = \lim_{h \to 0} f(4+h) = \lim_{h \to 0} \frac{4+h-2}{(4+h-4)^2} = \lim_{h \to 0} \frac{2+h}{h^2}$$

Da für $h \to 0$ der Zähler gegen 2 und der Nenner über positive Werte gegen 0 strebt, gilt: $f(x) \to \infty$ für $x \to 4 + 0$.

Wir schreiben dafür symbolisch: $\lim\limits_{x \to 4+0} f(x) = \infty$.

2. **Linksseitige Annäherung:**

$$\lim_{x \to 4-0} f(x) = \lim_{h \to 0} f(4-h) = \lim_{h \to 0} \frac{4-h-2}{(4-h-4)^2} = \lim_{h \to 0} \frac{2-h}{(-h)^2} = \lim_{h \to 0} \frac{2-h}{h^2}$$

Da für $h \to 0$ der Zähler gegen 2 und der Nenner über positive Werte gegen 0 strebt, gilt: $f(x) \to \infty$ für $x \to 4 - 0$.

Dafür schreiben wir symbolisch: $\lim\limits_{x \to 4-0} f(x) = \infty$.

Nähern wir uns also von rechts oder von links her der Stelle $x = 4$, dann streben die Funktionswerte jedesmal gegen ∞.

Der Verlauf des Graphen von f ist in Figur 40 gezeichnet.

Figur 40

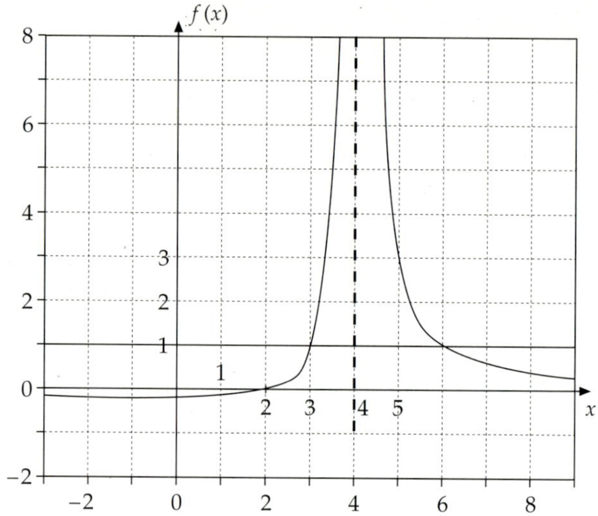

Bemerkung:

Im Nenner des *gekürzten Funktionsterms* steht der Linearfaktor $(x - 4)$ wegen $(x - 4)^2$ mit einer *geraden* Hochzahl.

Für alle Werte von x, die kleiner als 4 sind, ist zwar $(x - 4)$ negativ, aber $(x - 4)^2$ wegen der *geraden* Hochzahl wieder positiv!

Beispiel: $(3{,}8 - 4)^2 = (-0{,}2)^2 = 0{,}04 > 0$.

Für alle Werte von x, die größer als 4 sind, ist $(x - 4)^2$ ebenfalls positiv.
Man sagt dazu kurz: „Ein Linearfaktor mit gerader Hochzahl hat beim Durchgang durch seine Nullstelle **keinen** Zeichenwechsel."

Da nun die gerade Hochzahl in $(x - 4)^2$ im Nenner der **gekürzten Darstellung von $f(x)$** das obige Verhalten der Funktionswerte mitbestimmt, nennt man die Stelle $x = 4$ auch eine **Polstelle von f mit gerader Ordnung.**

Die Gerade $x = 4$ heißt **Polasymptote.**

Wird Ihnen eine Aufgabe über gebrochenrationale Funktionen vorgelegt, dann beachten Sie unbedingt den folgenden Hinweis:

Hinweis:

Zerlegen Sie in $f(x) = \frac{Z(x)}{N(x)}$ zunächst das Zähler- und Nennerpolynom so weit wie möglich in Linearfaktoren und fassen Sie gleichartige Linearfaktoren in der Potenzschreibweise zusammen!

Stellen Sie nun die in D_f gekürzte Darstellung her!

Die Beispiele geben Anlass zu folgenden Definitionen:

Polstelle mit Zeichenwechsel:

Bleibt in der gekürzten Darstellung von $f(x)$ ein Linearfaktor mit **ungerader Hochzahl im Nenner** stehen, dann hat die Funktion f einen **Pol ungerader Ordnung** bzw. eine Polstelle **mit Zeichenwechsel** der Funktionswerte.

Polstelle ohne Zeichenwechsel:

Bleibt in der gekürzten Darstellung von $f(x)$ ein Linearfaktor mit **gerader Hochzahl im Nenner** stehen, dann hat die Funktion f einen **Pol gerader Ordnung** bzw. eine Polstelle **ohne Zeichenwechsel** der Funktionswerte.

Wir wenden die obigen Definitionen im folgenden Beispiel an:

$$f(x) = \frac{x(x-5)^3(x+3)}{(x-5)^7(x+3)^2} \quad \text{mit } D_f = \mathbb{R}\backslash\{-3; 5\}$$

Die gekürzte Darstellung von $f(x)$ lautet:

$$f(x) = \frac{x}{(x-5)^4(x+3)^1} \quad \text{mit } D_f = \mathbb{R}\backslash\{-3; 5\}$$

und wir lesen ab:

$x = 5$ ist eine Polstelle 4. Ordnung von f, also eine Polstelle ohne Zeichenwechsel der Funktionswerte.

$x = -3$ ist eine Polstelle 1. Ordnung von f, also eine Polstelle mit Zeichenwechsel der Funktionswerte.

Restglieddarstellung von $f(x)$ 9.5

Besteht der Funktionsterm $f(x)$ einer gebrochenrationalen Funktion f aus Polynomen **gleichen Grades** oder hat das Zählerpolynom einen **höheren Grad** als das Nennerpolynom, so kann die Polynomdivision ausgeführt werden.

Beispiel 1

$$f(x) = \frac{x^2 + 4x - 3}{x - 3} \quad \text{mit } D_f = \mathbb{R}\backslash\{3\}$$

Wegen $(x^2+4x-3):(x-3) = x+7+\dfrac{18}{x-3}$ erhalten wir für $f(x)$ die Darstellung:

$$f(x) = x+7+\frac{18}{x-3} \quad \text{mit } D_f = \mathbb{R}\setminus\{3\}$$

Beispiel 2 $g(x) = \dfrac{3x^2+4x}{5x^2+2}$ mit $D_g = \mathbb{R}$, da $5x^2+2$ keine Nullstellen in $\mathbb{R}$ hat.

Die Polynomdivision $(3x^2+4x):(5x^2+2)$ liefert dann:

$$g(x) = \frac{3}{5}+\frac{4x-1{,}2}{5x^2+2} \quad \text{mit } D_g = \mathbb{R}$$

Die Beispiele führen uns zu den allgemeinen Festlegungen:

Restglieddarstellung:

Gilt im Term $f(x) = \dfrac{Z(x)}{N(x)}$ einer gebrochenrationalen Funktion f die Beziehung: Grad $Z(x) \geqq$ Grad $N(x)$, dann kann man die Polynomdivision $Z(x) : N(x)$ ausführen und erhält für $f(x)$ die Darstellung:

$f(x) = p(x) + r(x)$,

wobei $p(x)$ **ganzrational** oder **konstant** ist.

Der Anteil $\boldsymbol{r(x)}$ wird als das **Restglied** bezeichnet. Die neue Darstellung von $f(x)$ heißt daher auch die **Restglieddarstellung von $f(x)$.**

Das in $f(x) = p(x) + r(x)$ auftretende Restglied $r(x)$ hat immer die folgenden zwei Eigenschaften:

1. Im Restglied $r(x)$ hat das Nennerpolynom (es ist $N(x)$) stets einen höheren Grad als das Zählerpolynom. Sonst hätten wir die Division zu früh abgebrochen!
2. Für das Restglied gilt immer: $\lim\limits_{|x|\to\infty} r(x) = 0$

Begründung:

Wir klammern im Nenner und im Zähler des Restgliedes die höchste Potenz von x, die im Nenner auftritt, aus und kürzen diese. Im Zähler stehen nun lauter Ausdrücke, die für $|x| \to \infty$ gegen null streben. Im Nenner dagegen bleibt der Koeffizient der höchsten Potenz von x stehen, während alle anderen Ausdrücke für $|x| \to \infty$ ebenfalls gegen null streben. Damit gilt: $r(x) \to 0$ für $|x| \to \infty$.

Damit haben wir den Beweis für den Satz:

Für das Restglied $r(x)$ gilt immer:

$$\lim_{|x| \to \infty} r(x) = 0$$

Näherungsfunktionen und Asymptoten 9.5.1

Wir erklären zunächst, was man unter einer Näherungsfunktion versteht.

Näherungsfunktion

Eine Funktion g: $x \to g(x)$ ist für $|x| \to \infty$ eine **Näherungsfunktion der Funktion f**: $x \to f(x)$, wenn $\lim_{|x| \to \infty} [f(x) - g(x)] = 0$ gilt.

In der Restglieddarstellung der gebrochenrationalen Funktion f:

$x \to p(x) + r(x)$

stellt $p(x)$ den Term der Näherungsfunktion p der Funktion f für $|x| \to \infty$ dar.

Beweis:

Aus der Restglieddarstellung von f:

$$f(x) = p(x) + r(x)$$

erhalten wir durch Umstellen die Beziehung:

$$f(x) - p(x) = r(x).$$

Wegen $\lim_{|x| \to \infty} r(x) = 0$ gilt dann aber:

$$\lim_{|x| \to \infty} [f(x) - p(x)] = 0$$

Damit haben wir gezeigt, dass $p(x)$ der Bedingung der in der Definition g genannten Näherungsfunktion genügt. Für den Fall, dass der Term $p(x)$ der Näherungsfunktion p eine lineare Funktion ist, wird der Begriff der Asymptote eingeführt:

Asymptoten:

$f(x)$ liege in der Restglieddarstellung vor:

$f(x) = p(x) + r(x)$

1. Ist $p(x)$ ein Polynom 1. Grades in x, also $p(x) = ax + b$ mit $a \neq 0$, dann heißt die Gerade $y = ax + b$ eine **schiefe Asymptote** des Graphen von f.
2. Gilt für den Term $p(x) = b = \text{const.}$, dann heißt die Gerade $y = b$ eine **waagerechte Asymptote** des Graphen von f.

Bemerkung:

Hat eine gebrochenrationale Funktion selbst schon die Eigenschaft des Restgliedes, gilt also Grad $Z(x) <$ Grad $N(x)$, dann hat der Graph von f immer die waagerechte Asymptote $y = 0$, d.h., die x-Achse ist Asymptote.

Beispiel 1 $f(x) = \dfrac{3x^2 - 4}{-x^2 + 1} = -3 + \dfrac{1}{x^2 - 1}$ mit $D_f = \mathbb{R} \setminus \{-1; 1\}$

Die Gerade $y = -3$ ist waagerechte Asymptote.

Beispiel 2 $g(x) = \dfrac{4x^2 - 3}{2x + 1} = 2x - 1 + \dfrac{-2}{2x + 1}$ mit $D_g = \mathbb{R} \setminus \left\{-\dfrac{1}{2}\right\}$

Die Gerade $y = 2x - 1$ ist schiefe Asymptote.

Beispiel 3 $h(x) = \dfrac{2x + 5}{x^4 + 1}$ mit $D_h = \mathbb{R}$

Die x-Achse ($y = 0$) ist waagerechte Asymptote.

Beispiel 4 $f(x) = \dfrac{x^3}{x + 1} = x^2 - x + 1 + \dfrac{-1}{x + 1}$ mit $D_f = \mathbb{R} \setminus \{-1\}$

Die ganzrationale Funktion $p: x \to p(x) = x^2 - x + 1$ ist für $|x| \to \infty$ Näherungsfunktion der Funktion f. Man nennt p auch eine „Näherungsparabel 2. Ordnung".

Die Lösung einer Aufgabe zu den gebrochenrationalen Funktionen gelingt Ihnen sicher, wenn Sie dabei die folgende Reihenfolge einhalten:

I. Faktorzerlegung

Zerlegen Sie im Term $f(x) = \frac{Z(x)}{N(x)}$ das Zählerpolynom $Z(x)$ und das Nennerpolynom $N(x)$ so weit wie möglich in Linearfaktoren.

Die Bestimmung von $D_f = D_{f(x)}$ ist jetzt sehr einfach, da Sie nur die Nullstellen von $N(x)$ aus $\mathbb{R}$ herausnehmen müssen.

$D_f = \mathbb{R} \setminus \{x \mid N(x) = 0\}$

II. Gekürzte Darstellung von $f(x)$

Die Zerlegung in Linearfaktoren, die Sie in I. hergestellt haben, liefert Ihnen nun einfach durch Kürzen in D_f die gekürzte Darstellung von $f(x)$. Schreiben Sie D_f hinter der gekürzten Darstellung an!

Die gekürzte Darstellung von $f(x)$ liefert die Lücken und Pole!

Die Grenzwertrechnungen bei der Untersuchung des Verhaltens der Funktionswerte bei Annäherung an eine Stelle x_0 für $|x| \to \infty$ werden wesentlich einfacher, da die Polynome jetzt einen niedrigeren Grad haben.

III. Restglieddarstellung von $f(x)$

Führen Sie die Polynomdivision nicht in der Form $Z(x) : N(x)$, sondern in der gekürzten Darstellung von $f(x)$ durch, da dies einfacher ist.

Die Restglieddarstellung wird zur Beantwortung der Fragen nach Asymptoten und Näherungsfunktionen herangezogen.

Musteraufgabe

Gegeben ist die gebrochenrationale Funktion f durch:

$$f\colon\ x \to f(x) = \frac{x^5 + 3x^4 - 6x^3 - 28x^2 - 24x}{x^4 - 4x^3 - 3x^2 + 18x}, \quad D_f = D_{f(x)}$$

Wenn Sie den ersten Schrecken überwunden haben und den Term $f(x)$ genauer ansehen, dann stellen Sie fest, dass man im Zähler und im Nenner x ausklammern kann. Wegen Grad Z = (Grad N) + 1 muss der Graph von f eine schiefe Asymptote haben.

I. **Zerlegung von $f(x)$ in Linearfaktoren**

$$f(x) = \frac{x \cdot (x^4 + 3x^3 - 6x^2 - 28x - 24)}{x \cdot (x^3 - 4x^2 - 3x + 18)}$$

Für die weitere Zerlegung betrachten wir das Polynom $x^3 - 4x^2 - 3x + 18$, da es den kleineren Grad hat.

Die Gleichung $x^3 - 4x^2 - 3x + 18 = 0$ kann nur gelöst werden, wenn es uns gelingt eine Nullstelle zu erraten. Eine ganzzahlige Nullstelle ist dann ein Teiler der Zahl 18.

Infrage kommen: $x = \pm 1;\ \pm 2;\ \pm 3;\ \pm 6;\ \pm 9;\ \pm 18$

Nach längerem Probieren finden wir heraus, dass $x = -2$ und $x = 3$ die Gleichung $x^3 - 4x^2 - 3x + 18 = 0$ erfüllen.

Daher gilt: $x^3 - 4x^2 - 3x + 18 = (x + 2) \cdot (x - 3) \cdot g(x)$

Wegen $(x + 2) \cdot (x - 3) = x^2 - x - 6$ erhalten wir $g(x)$ aus der Polynomdivision $g(x) = (x^3 - 4x^2 - 3x + 18) : (x^2 - x - 6) = x - 3$

In $f(x)$ haben wir damit den Nenner zerlegt:

$$f(x) = \frac{x \cdot (x^4 + 3x^3 - 6x^2 - 28x - 24)}{x \cdot (x - 3)^2 \cdot (x + 2)}$$

Wir erhalten daraus:

$D_f = \mathbb{R} \setminus \{0; 3; -2\}$

Bei der Lösung der Aufgabe $x^4 + 3x^3 - 6x^2 - 28x - 24 = 0$ überprüfen wir zunächst, ob nicht eine Nullstelle des Nenners auch im Zähler vorhanden ist. (In Prüfungsaufgaben ist dies meist der Fall!)

Die Stellen $x = -2$ und $x = 3$ erfüllen tatsächlich diese Bedingung.

Es gilt also:

$x^4 + 3x^3 - 6x^2 - 28x - 24 = (x + 2) \cdot (x - 3) \cdot h(x)$

Mit $(x + 2) \cdot (x - 3) = x^2 - x - 6$ erhalten wir $h(x)$ durch die Polynomdivision:

$h(x) = (x^4 + 3x^3 - 6x^2 - 28x - 24) : (x^2 - x - 6)$

$h(x) = x^2 + 4x + 4 = (x + 2)^2$

Die vollständige Zerlegung von $f(x)$ lautet damit:

$$f(x) = \frac{x \cdot (x - 3) \cdot (x + 2)^3}{x \cdot (x - 3)^2 \cdot (x + 2)} \qquad D_f = D_{f(x)} = \mathbb{R} \setminus \{0; 3; -2\}$$

Nullstellen von f

Die Funktion f hat keine Nullstellen, da die Bedingung $Z(x) = 0 \wedge x$ aus D_f nicht erfüllt werden kann. (Die dazu notwendigen Stellen $x = 0$, $x = 3$ und $x = -2$ liegen nicht in D_f)

II. **Die gekürzte Darstellung von $f(x)$ lautet**

$$f(x) = \frac{1 \cdot 1 \cdot (x+2)^2}{1 \cdot (x-3) \cdot 1}$$

und wir erhalten damit die Darstellung:

$$f\colon\ x \to f(x) = \frac{(x+2)^2}{x-3} \qquad D_f = \mathbb{R}\setminus\{0; 3; -2\}$$

Art der Definitionslücken

Alle Stellen, die bei der Bestimmung von D_f aus der Menge $\mathbb{R}$ herausgenommen wurden, sind Definitionslücken.

$x = 0$ ist eine Lücke (stetig behebbar)
(Der Linearfaktor x läßt sich vollständig wegkürzen)

$x = 3$ ist eine Polstelle 1. Ordnung (ungerade) mit Zeichenwechsel der Funktionswerte.
(Beim Kürzen ist im Nenner der Faktor $(x-3)^1$ geblieben)

$x = -2$ ist eine Lücke (stetig behebbar), die auf der x-Achse liegt. Die Funktionswerte $f(x)$ haben rechts und links von $x = -2$ gleiches Vorzeichen.
(Beim Kürzen ist im Zähler der Ausdruck $(x+2)^2$ geblieben.)

III. **Die Restglieddarstellung von $f(x)$**

berechnen wir aus der gekürzten Darstellung von $f(x)$.

$$f(x) = (x+2)^2 : (x-3) = (x^2 + 4x + 4) : (x-3)$$

$$f(x) = x + 7 + \frac{25}{x-3}, \quad D_f = \mathbb{R}\setminus\{0; 3; -2\}$$

Die Gerade $y = x + 7$ ist schiefe Asymptote von G_f.
Wir können für $f(x)$ auch schreiben:

$$f(x) = y + r(x) \text{ mit } r(x) = \frac{25}{x-3}$$

Für $x > 3$ ist $r(x) > 0$ und daher $f(x) > y$
Also liegt für $x > 3$ G_f *oberhalb* der schiefen Asymptote.

Für $x < 3$ ist $r(x) < 0$ und daher $f(x) < y$
Also liegt für $x < 3$ G_f *unterhalb* der schiefen Asymptote.

9.5.2 Gebietseinteilung, Verlauf des Graphen

Den Graphen einer Funktion f können wir vorerst nur durch Berechnung genügend vieler Funktionswerte zeichnen.
Kenn man bei einer gebrochenrationalen Funktion f die Art der Nullstellen (Schnitt oder Berührung) und die Art der Polstellen (mit oder ohne Zeichenwechsel), dann kann man die Zeichenebene in Gebiete einteilen, in denen der Graph von f verläuft. Dabei werden die Gebiete, in denen G_f nicht liegt, gestrichen.

Praktisch geht man dabei so vor:

1. Eine Nullstelle gerader Ordnung (Berührstelle) wird mit einem fetten Punkt auf der x-Achse markiert.
   Eine Schnittstelle (Nullstelle ungerader Ordnung) wird durch ein Kreuz auf der x-Achse angegeben.
2. Bei Lücken (stetig behebbar) berechnen wir aus der stetigen Fortsetzung g der Funktion f den Lückenwert und tragen den Punkt, der nicht zu G_f gehört, durch Angabe eines kleinen Kreises ein.
3. An den Polstellen zeichnen wir die Polasymptoten und schreiben hin, ob Zeichenwechsel (ZW) oder kein Zeichenwechsel (ohne ZW) der Funktionswerte vorliegt.
4. Bevor man mit dem Streichen beginnen kann, muss nur an einer Stelle x_0 aus D_f der Funktionswert $f(x_0)$ berechnet werden.
   Wählen Sie dazu eine Stelle x_0, die rechts von den Nullstellen und Definitionslücken liegt!

Von einer nicht näher angegebenen gebrochenrationalen Funktion f ist bekannt:

$x = -3$ Polstelle mit Zeichenwechsel

$x = 1$ Nullstelle gerader Ordnung

$x = 4$ Nullstelle ungerader Ordnung

$x = 6$ Polstelle ohne Zeichenwechsel

$f(8) = 5 > 0$

In Figur 41 sehen Sie, wie man ausgehend von der Stelle $x = 8$ und der Kenntnis von $f(8) = 5 > 0$ die ganze Zeichenebene in Gebiete einteilen kann, in denen der Graph von f liegt.
Falls vorhanden, werden auch noch waagerechte bzw. schiefe Asymptoten eingetragen. Zur Unterstützung der Anschauung ist in Figur 41 der Graph einer gebrochenrationalen Funktion eingetragen, die alle Eigenschaften unseres Beispiels besitzt.

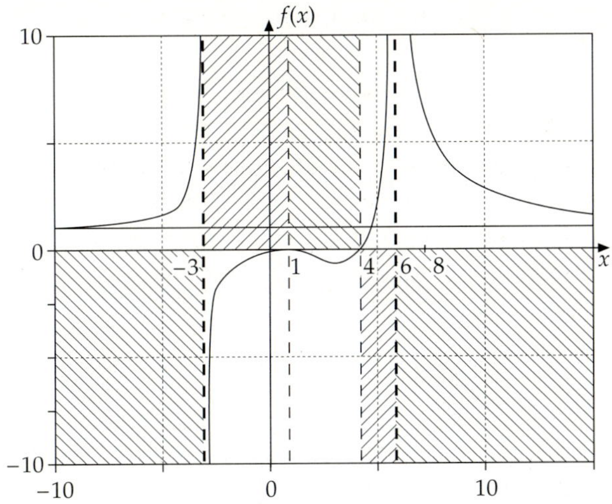

Figur 41

Musteraufgabe

Gegeben ist die Funktion f durch:

$$f\colon\ x \to f(x) = \frac{x^2 \cdot (x+3)}{(x-1)\cdot(x+3)} \qquad D_f = \mathbb{R}\setminus\{1; -3\}$$

Geben Sie eine möglichst genaue Gebietseinteilung für den Graphen von f an.

Lösung:

Gekürzte Darstellung von $f(x)$:

$$f\colon\ x \to f(x) = \frac{x^2}{x-1}, \quad x \text{ aus } D_f$$

Restglieddarstellung von $f(x)$:

$$f\colon\ x \to f(x) = x + 1 + \frac{1}{x-1}, \quad x \text{ aus } D_f$$

Die Funktion f hat bei

$x = 0$ eine Nullstelle gerader Ordnung (Berührstelle)
(An der Stelle $x = 0$ machen wir einen fetten Punkt)

$x = 1$ eine Polstelle ungerader Ordnung (Pol mit ZW)
(An die Polasymptote schreiben wir: ZW)

$x = -3$ eine Lücke (stetig behebbar)
Wir berechnen aus der an der Stelle $x = -3$ stetigen Fortsetzung g:

$$g\colon\ x \to g(x) = \frac{x^2}{x-1} \qquad D_g = \mathbb{R}\setminus\{1\}$$

den Lückenwert $g(-3) = -\frac{9}{4}$ und tragen den Punkt $(-3; -\frac{9}{4})$ mit einem kleinen Kreis ein. Dieser Punkt gehört nicht zu G_f.

Die Restglieddarstellung von $f(x)$ liefert die schiefe Asymptote $y = x + 1$, die wir ebenfalls in die Zeichnung eintragen.

Für $x > 1$ ist $\dfrac{1}{x-1} = r(x) > 0$, also $f(x) > x + 1$
Also liegt für $x > 1$ G_f oberhalb der schiefen Asymptote.

Für $x < 1$ ist $r(x) < 0$, also $f(x) < x + 1$
Also liegt für $x < 1$ G_f unterhalb der schiefen Asymptote.

Wir tragen nun die bisherigen Erkenntnisse wie vereinbart in die Zeichnung ein und erhalten nach Wahl der Teststelle $x_0 = 4$ mit dem Funktionswert $f(4) = \frac{16}{3}$ die in der Figur 42 gezeichnete Gebietseinteilung.

Figur 42

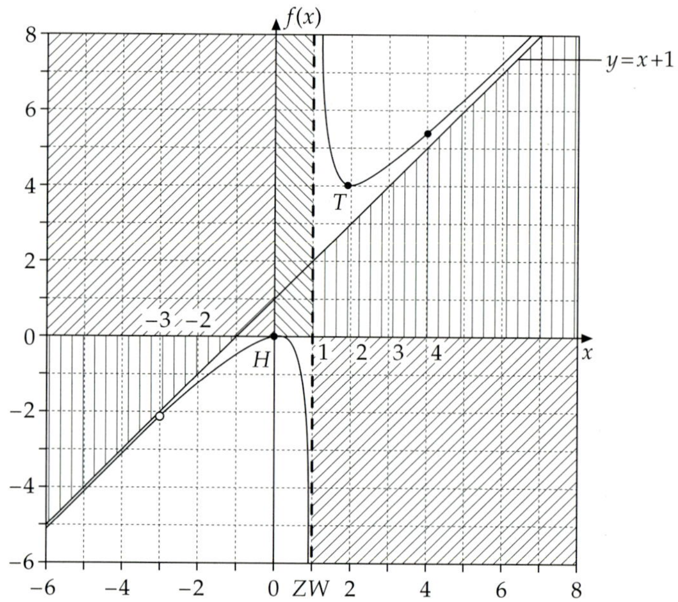

Für den Verlauf von G_f bleiben diejenigen Gebiete, die *nicht* gestrichen sind.
Der Hochpunkt $H(0;\,0)$ folgt aus der Tatsache, dass die Stelle $x = 0$ eine *Berührstelle* ist.

Den Tiefpunkt $T(2;\,4)$ können wir erst mit den Hilfsmitteln der Differenzialrechnung genau berechnen.

9.5.3 Gemeinsame Punkte von G_f mit der Asymptote

Für $|x| \to \infty$ nähert sich der Graph von f der waagerechten oder schiefen Asymptote immer mehr an.
Im Endlichen können aber sehr wohl gemeinsame Punkte des Graphen von f mit der Asymptote auftreten.

Beispiel 1

$$f\colon\ x \to f(x) = \frac{2x}{x^2+1}, \quad D_f = \mathbb{R}, \quad \text{da } N(x) \neq 0 \text{ für } x \text{ aus } \mathbb{R}$$

Die Gerade $y = 0$ (x-Achse) ist waagerechte Asymptote und hat mit G_f den Punkt (0; 0) gemeinsam.

Beispiel 2

Aus der Restglieddarstellung von g

$$g\colon\ x \to g(x) = x - 2 + \frac{x}{x^2+3}, \quad D_g = \mathbb{R}$$

entnehmen wir die Gleichung der schiefen Asymptote $y = x - 2$.
Für gemeinsame Punkte von G_g und y gilt dann:

$$g(x) = y$$

$$x - 2 + \frac{x}{x^2+3} = x - 2; \qquad \frac{x}{x^2+3} = 0; \qquad x = 0$$

Da die Stelle $x = 0$ in $D_g = \mathbb{R}$ liegt, haben G_g und die schiefe Asymptote den Punkt (0; – 2) gemeinsam.

Allgemein gilt folgender Satz:

Hat die gebrochenrationale Funktion f mit der Restglieddarstellung $f(x) = ax + b + r(x)$ mit der schiefen Asymptote $y = ax + b$ (falls $a \neq 0$) bzw. mit der waagerechten Asymptote $y = b$ (falls $a = 0$) gemeinsame Punkte, dann hat das Restglied $r(x)$ dort eine Nullstelle.

Beweis:

Die x-Werte von gemeinsamen Punkten von G_f und der Asymptote sind die Lösungen der Gleichung:

$$ax + b + r(x) = ax + b \quad | \; - (ax + b)$$

$$r(x) = 0$$

Aufgabe 33 Gegeben ist die Funktion f durch:

$$x \to f(x) = \frac{-x^3 + 3x^2}{x^2 - 4x + 4}, \quad D_f = D_{f(x)}$$

33.1 Geben Sie für $f(x)$ die Faktorzerlegung an und bestimmen Sie D_f.

33.2 Untersuchen Sie f auf:
- Nullstellen (Art)
- Polstellen (Ordnung)
- Lücken (Lückenwert berechnen)

33.3 Begründen Sie, warum G_f genau eine schiefe Asymptote haben muss. Geben Sie die Gleichungen aller Asymptoten an.

33.4 Weisen Sie durch Rechnung nach, dass der Graph von f ganz auf der einen Seite der schiefen Asymptote liegt.

Aufgabe 34 Gegeben ist die Funktionenschar f_a durch:

$$f_a\colon x \to f_a(x) = \frac{x^3 + 6x^2 + ax}{(x+2)^2} \qquad D_{f_a} = \mathbb{R}\setminus\{-2\},\ a \text{ aus } \mathbb{R}.$$

34.1 Für welchen Wert $a = a_0$ ist der Zähler von $f_a(x)$ ohne Rest durch $(x+2)$ teilbar?

34.2 Welcher Art ist die Definitionslücke für $a = a_0$ bzw. für a aus $\mathbb{R}\setminus\{a_0\}$?

34.3 Zeigen Sie, dass alle Graphen von f_a eine gemeinsame schiefe Asymptote haben, und geben Sie deren Gleichung an.

34.4 Für welche Wahl von a hat der Graph von f_a mit seiner schiefen Asymptote genau einen Punkt S gemeinsam? Wie lauten die Koordinaten des Punktes S? (Beachten Sie die Definitionslücke!)

Kampf den Prüfungsmonstern!

Prüfungsangst – wer kennt sie nicht?
Wenn einem heiß und kalt wird,
hilft freilich der gut gemeinte Satz:

"Du brauchst doch keine Angst zu haben!"

auch nichts.
Wer von der Prüfungsangst gequält wird,
muss dieses Problem langfristig und gründlich angehen.
Denn Prüfungsangst ist nicht gleich Prüfungsangst! ➤

Typ I: Die Prüfungsangst des Faulen

Sollten Sie vor und in Prüfungen Angst haben, weil Sie nicht oder nur oberflächlich gelernt haben, hilft auf Dauer nur eines: genauer oder überhaupt erst einmal zu lernen.

Typ II: Auch falsche Lernwege führen in den Abgrund

Manchmal hat man zwar viel gelernt, aber trotzdem Angst. Oft genug liegt das an einer fehlerhaften Arbeitsmethode:

- Viele begehen den Fehler, stur auswendig zu lernen anstatt den Stoff wirklich zu verstehen. Stellt ein Lehrer dann die Frage anders als erwartet oder verlangt er eine Erklärung in eigenen Worten, wird man natürlich nervös.

  Lernen Sie also immer mit Verstand!

- Mancher lernt zwar vor einer Prüfung viel, aber erst in den letzten paar Tagen, geballt und stundenlang. Der Stoff kann sich dann nicht im Gedächtnis absetzen und man beherrscht ihn trotz des Zeitaufwandes nicht sicher.

Sollten diese Gründe für Ihre Ängste verantwortlich sein, nützen z.B. Entspannungsübungen gar nichts – Sie müssen einfach Ihre Methode ändern.

Wer übrigens in Prüfungen nicht klar kommt und auch schon bei den Hausaufgaben viele Fehler macht, sollte – ggf. mit Hilfe eines Lehrers oder eines Beratungslehrers – überprüfen, wieso das passiert.

Es ist ja klar, dass der, der schon bei Hausaufgaben häufig Probleme hat, auch Prüfungen verhaut.

Typ III: Klassenkämpfe

Kennen Sie das "Jetzt-machen-wir-uns-gegenseitig-fertig-Spiel"? Es wird von Schülern am liebsten am Tag vor einer Klassenarbeit bzw. in den Stunden vor der Arbeit gespielt.

"Hast du das und das gelernt?"

"Wie geht denn diese Aufgabe?"

"Was, du hast nur ... Stunden gelernt?"

"Kommt das auch dran?"

– mit solchen und ähnlichen Fragen und Sätzen bombardieren sich Schüler oft gegenseitig. Viele lassen sich von dieser Nervosität anstecken und bei manchen, nämlich denen mit einem besonders dünnen Fell, wirkt die Nervosität bis in die Klassenarbeit hinein.

Was tun? ➡ Einfach nicht mitspielen!

Stellen Sie keine Fragen (sie können im letzten Moment ohnehin nicht mehr sinnvoll beantwortet werden) und sagen Sie niemandem, was er hätte tun sollen.

Nehmen Sie sich umgekehrt aber auch das Recht, jedem anderen zugleich freundlich und deutlich zu sagen, dass Sie in Ruhe gelassen werden wollen.

Hilft das nichts, wenden Sie sich von ihm ab und gehen Sie woandershin.

Typ IV:

Wie beim Fußball – auf die Taktik kommt es an!

Manchen ereilt die Prüfungsangst auch erst in der Klassenarbeit.

Hierzu folgende Tipps:

➢ Taktik 1:

Positiv denken!

(Was wir von den Amerikanern lernen können ...)

Wenn das Aufgabenblatt vor Ihnen liegt:

- schließen Sie zunächst kurz die Augen,
- atmen Sie tief durch und
- sagen Sie sich selbst, dass Sie gut gelernt haben.

Auch während der Prüfung und in den Momenten, wenn die Angst zu kommen droht, können Sie gebetsmühlenhaft derartige positive Botschaften wiederholen.

Die Methode stammt aus den USA und hat sich sehr bewährt – vorausgesetzt, man hat wirklich gelernt ...

➢ Taktik 2:

Der Wahrheit ins Auge schauen

(Was wir von den Römern lernen können ...)

Eine Teilaufgabe misslingt – für manchen der Anfang eines Panikanfalls, der bewirkt, dass man auch das nicht mehr kann, was man vorher noch beherrschte.

Hier sollten Sie sich z.B. sagen:

"Diese Prüfung besteht aus vier Aufgaben. Wenn ich eine löse, habe ich bereits ein Viertel gepackt, bei zweien schon die Hälfte. Löse ich eine nicht, habe ich nur einen kleinen Teil nicht geschafft. Bloß weil ich eine Teilaufgabe nicht kann, habe ich nicht die ganze Prüfung versiebt."

Bei den Römern hieß diese Methode:
"Divide et impera!" –
"Teile und herrsche!"

Sie hilft, weil der riesige Teufel, den man an die Wand malt (*"Ich bekomme eine Sechs!"*), wenn man einen Teil nicht gelöst hat, plötzlich zum kleinen Teufelchen wird – man erkennt seine wahre Dimension.

➢ Taktik 3:

Den Überblick bewahren

(Was wir von den Adlern lernen können ...)

Bevor Sie irgendetwas schreiben, sollten Sie erst einmal in Ruhe die Aufgaben betrachten – so viel Zeit ist immer.

Wer nämlich sofort mit der ersten Aufgabe beginnt (oder dem ersten Satz in einer Übersetzung), läuft Gefahr sich selbst zu blockieren.

Misslingt diese Aufgabe, wird man nervös und bei manchem ist dann die ganze Prüfung gelaufen – er kann nicht einmal mehr die leichteren Aufgaben lösen.

Beginnen Sie also mit den für Sie einfachsten Aufgaben und lösen Sie erst all die, bei denen Sie sicher sind! Diese Punkte haben Sie dann schon auf jeden Fall.

(Ausnahme: Manche ängstlichen Schüler werden noch nervöser, wenn sie alle Aufgaben durchsehen. Die sollten dann wirklich mit der ersten Aufgabe beginnen – und die folgende Taktik beachten!)

➢ Taktik 4:

Einfach nicht hinschauen

(Was wir von den Maulwürfen lernen können ...)

Manchen macht der Anblick des vollen Aufgabenblattes fertig. Während er eine Aufgabe rechnet, liest er nebenher schon die anderen und grübelt sozusagen auf mehreren Ebenen gleichzeitig.

Falten Sie Ihr Aufgabenblatt so, dass Sie nur die Aufgabe im Blick haben, die gerade dran ist; oder decken Sie andere Aufgaben mit leeren Blättern ab.

Wie heißt das Sprichwort?
"Was ich nicht weiß, macht mich nicht heiß!"

➢ Taktik 5:

Selbstlob riecht wie Parfüm!

(Was wir von den Angebern lernen können ...)

Immer wenn Sie eine Aufgabe fertig haben, streichen Sie sie mit Wonne durch. Das tut dem Selbstbewusstsein gut – und hilft Ihnen nebenbei keine Aufgabe zu übersehen! Und loben Sie sich so richtig ausführlich dabei!

Sicher gibt es noch mehr Gründe für die Prüfungsangst. Die genannten Gründe und Gegenmaßnahmen haben Sie freilich selber in der Hand!

Hinweise auf andere Angstursachen und was man langfristig gegen Prüfungsgespenster tun kann – dies finden Sie im Folgeband Analysis 2.

MENTOR ABITUR-HILFE

Band 645

Mathematik
Oberstufe

Analysis 1

Funktionen, Grenzwerte, Stetigkeit

Lösungsteil

Helmuth Preckur

Mentor Verlag München

Behauptung: Die Aussageform $A(n)$: $2 + 6 + 18 + \ldots + 2 \cdot 3^n = 3^{n+1} - 1$ gilt für alle natürlichen Zahlen.

Aufgabe 1
S. 35

Verankerung:

Linke Seite $A(1)$: $2 + 2 \cdot 3^1 = 2 + 6 = 8$

Rechte Seite $A(1)$: $3^2 - 1 = 9 - 1 = 8$

Vererbung: Wir setzen die linke Seite von $A(n+1)$ an und formen um:

$$2 + 6 + 18 + \ldots + 2 \cdot 3^n + (2 \cdot 3^{n+1}) = 3^{n+1} - 1 + (2 \cdot 3^{n+1}) =$$
$$= 3^{n+1}(1 + 2) - 1 =$$
$$= 3 \cdot 3^{n+1} - 1 = 3^{n+2} - 1$$

Rechte Seite $A(n+1)$: $3^{(n+1)+1} - 1 = 3^{n+2} - 1$

Behauptung: Die Aussageform $A(n)$: $1^2 + 3^2 + \ldots + (2n-1)^2 = \frac{n(4n^2-1)}{3}$ gilt für alle n.

Aufgabe 2
S. 35

Verankerung:

Die linke Seite von $A(1)$ beginnt und endet mit $(2 \cdot 1 - 1)^2 = 1^2$

Linke Seite $A(1)$: $1^2 = 1$

Rechte Seite $A(1)$: $\frac{1(4-1)}{3} = \frac{1 \cdot 3}{3} = 1$

Vererbung:

Linke Seite $A(n+1)$: $1^2 + 3^2 + \ldots + (2n-1)^2 + (2 \cdot (n+1) - 1)^2 =$

$$= \frac{n(4n^2-1)}{3} + (2n + 2 - 1)^2 = \frac{4n^3 - n}{3} + (2n+1)^2 =$$

$$= \frac{4n^3 - n + 12n^2 + 12n + 3}{3} = \frac{4n^3 + 12n^2 + 11n + 3}{3}$$

Rechte Seite $A(n+1)$: $= \frac{(n+1)(4(n+1)^2 - 1)}{3} = \frac{(n+1)(4n^2 + 8n + 4 - 1)}{3}$

$$= \frac{4n^3 + 8n^2 + 3n + 4n^2 + 8n + 3}{3} = \frac{4n^3 + 12n^2 + 11n + 3}{3} = \text{linke Seite } A(n+1)$$

Aufgabe 3
S. 35

$A(n)$: $3 + 7 + 11 + \ldots + (4n - 1) = 2n^2 + n$ gilt für alle n aus $\mathbb{N}$.

Verankerung:

Linke Seite $A(1)$: $(4 \cdot 1 - 1) = 4 - 1 = 3$

Rechte Seite $A(1)$: $2 \cdot 1^2 + 1 = 2 + 1 = 3$

Vererbung:

Linke Seite $A(n + 1)$: $3 + 7 + 11 + \ldots + (4n - 1) + (4(n + 1) - 1) =$
$= 2n^2 + n + (4n + 4 - 1) = 2n^2 + 5n + 3$

Rechte Seite $A(n + 1)$: $2(n + 1)^2 + (n + 1) = 2(n^2 + 2n + 1) + (n + 1) =$
$= 2n^2 + 5n + 3$

3

Aufgabe 4
S. 35

$A(n)$: $1 \cdot 1! + 2 \cdot 2! + \ldots + n \cdot n! = (n + 1)! - 1$ gilt für alle n.

Verankerung:

Die linke Seite von $A(1)$ endet mit $1 \cdot 1!$

Linke Seite $A(1)$: $1 \cdot 1! = 1 \cdot 1 = 1$

Rechte Seite $A(1)$: $(1 + 1)! - 1 = 2! - 1 = 1 \cdot 2 - 1 = 2 - 1 = 1$

Vererbung:

Linke Seite $A(n + 1)$: $1 \cdot 1! + 2 \cdot 2! + \ldots + n \cdot n! + (n + 1)(n + 1)! =$
$= (n + 1)! - 1 + (n + 1)(n + 1)! =$
$= (n + 1)!(1 + n + 1) - 1 =$
$= (n + 1)!(n + 2) - 1 = (n + 2)! - 1$

Rechte Seite $A(n + 1)$: $((n + 1) + 1)! - 1 = (n + 2)! - 1$

Aufgabe 5
S. 35

$T(n) = n^3 + 5n$ ist für n aus $\mathbb{N}$ durch 3 teilbar, oder es gilt:

$T(n) = n^3 + 5n = 3k$ mit k aus $\mathbb{N}$

Verankerung:

$T(1) = 1^3 + 5 \cdot 1 = 1 + 5 = 6 = 3 \cdot 2$, $T(1)$ ist durch 3 teilbar.

Vererbung:

$T(n + 1) = (n + 1)^3 + 5 \cdot (n + 1) = n^3 + 3n^2 + 3n + 1 + 5n + 5 =$
$= (n^3 + 5n) + 3n^2 + 3n + 6 =$
$= 3k + 3(n^2 + n + 2) =$
$= 3(k + n^2 + n + 2)$

Da $k + n^2 + n + 2$ als Summe ganzer Zahlen wieder eine ganze Zahl ist, muss $T(n + 1)$ wegen des Faktors 3 auch durch 3 teilbar sein.

Aufgabe 6
S. 37

6.1: $0;\ \frac{1}{4};\ \frac{2}{5};\ \frac{3}{6};\ \frac{4}{7};\ \frac{5}{8}$

6.2: $-1;\ \frac{1}{4};\ -\frac{1}{9};\ \frac{1}{16};\ -\frac{1}{25};\ \frac{1}{36}$

6.3: $\frac{3}{2};\ \frac{10}{5};\ \frac{21}{10};\ \frac{36}{17};\ \frac{55}{26};\ \frac{78}{37}$

6.4: $\frac{1}{2};\ \frac{4}{5};\ \frac{9}{8};\ \frac{16}{11};\ \frac{25}{14};\ \frac{36}{17}$

Aufgabe 7
S. 38

7.1: $a_n = \frac{n+1}{n}$ mit n aus $\mathbb{N}$

7.2: $b_n = \frac{n(-1)^n}{n^2+1}$ mit n aus $\mathbb{N}$

7.3: $c_n = \frac{1+(-1)^n}{2}$ mit n aus $\mathbb{N}$

7.4: $d_n = \frac{n(n+1)}{2} = 1 + 2 + 3 + \ldots + n$

Aufgabe 8
S. 38

(FIBONACCI-Folge)

1; 2; 3; 5; 8; 13; 21; 34; 55; 89; 144; 233

Aufgabe 9
S. 39

9.1: $0;\ \frac{1}{2};\ \frac{2}{3};\ \frac{3}{4};\ \frac{4}{5}$

9.2: 2; 4; 8; 14; 22

9.3: $1;\ \frac{3}{2};\ \frac{7}{4};\ \frac{15}{8};\ \frac{31}{16}$

Aufgabe 10
S. 42

Zu berechnen ist die Summe s_{64} einer geometrischen Folge mit $a_1 = 1$ und $q = 2$.

$$s_{64} = 1 \cdot \frac{2^{64}-1}{2-1} = 2^{64} - 1 = 1{,}845 \cdot 10^{19}$$

$$\text{Masse } m = \frac{1{,}845 \cdot 10^{19}}{20}\,\text{g} = 9{,}223 \cdot 10^{17}\,\text{g} = 9{,}223 \cdot 10^{11}\ \text{Tonnen}$$

Aufgabe 11
S. 42

Zu berechnen ist die Summe s_{32} einer geometrischen Folge mit $a_1 = 1$ und $q = 2$.

$$s_{32} = 1 \cdot \frac{2^{32}-1}{2-1} = 2^{32} - 1 = 4{,}294 \cdot 10^{9}\ \text{Pf} = 4{,}294 \cdot 10^{7}\ \text{DM}$$

Der Spaß kostet rund 43 Millionen DM!

Aufgabe 12
S. 43

Aus $a_1 + (a_1 + d) + (a_1 + 2d) = 3$ und $a_{10} = 25$ bzw. $a_1 + 9d = 25$ gewinnen wir die beiden Gleichungen:

I) $3a_1 + 3d = 3$ bzw.: I) $a_1 + d = 1$
II) $a_1 + 9d = 25$ II) $a_1 + 9d = 25$

II) – I): $8d = 24 \rightarrow d = 3$

Mit $d = 3$ folgt aus I) $a_1 + 3 = 1 \rightarrow a_1 = -2$

Mit $a_1 = -2$ und $d = 3$ können wir jetzt der Reihe nach die Folgenglieder berechnen: $-2; 1; 4; 7; 10$

Mit Hilfe des Baugesetzes $a_n = a_1 + (n-1)d$ der arithmetischen Zahlenfolge kann man überprüfen, ob 295 ein Glied der Folge ist:

$295 = -2 + (n-1) \cdot 3$

$297 = 3n - 3$

$300 = 3n \rightarrow n = 100;\ a_{100} = 295$

Aufgabe 13
S. 43

$a_1 = 6; a_2; a_3; a_4; a_5 = 54$

Aus dem allgemeinen Baugesetz $a_n = a_1 q^{n-1}$ der geometrischen Folge erhalten wir die Gleichung $a_5 = a_1 q^4$ bzw. $54 = 6 \cdot q^4$.

$q^4 = 9 \rightarrow q^2 = 3 \rightarrow q = \pm\sqrt{3}$

Da nach Voraussetzung **positive** Zahlen eingefügt werden, müssen wir $q = \sqrt{3}$ wählen!

$6; 6 \cdot \sqrt{3};\ 18;\ 18 \cdot \sqrt{3};\ 54;\ 54 \cdot \sqrt{3}$

Lösungen Kap. 5

Aufgabe 14
S. 48

Die Ungleichung $\frac{3}{1-2x} < -1$ mit $D = \mathbb{R} \setminus \left\{\frac{1}{2}\right\}$ kann umgeformt werden in

$$\frac{x-2}{x-\frac{1}{2}} < 0$$

Aus der Skizze für die beiden Geraden $Z(x) = x - 2$ und $N(x) = x - \frac{1}{2}$ erhalten Sie $L = \left\{x \,\middle|\, \frac{1}{2} < x < 2\right\}$

Aufgabe 15
S. 48

Die Ungleichung $\frac{4}{x+2} - \frac{3}{x-4} < 0$ mit $D = \mathbb{R} \setminus \{-2; 4\}$ kann umgeformt werden in $\frac{x-22}{(x+2)(x-4)} < 0$

Zeichnen Sie die Gerade $Z(x) = x - 22$ und die nach oben geöffnete Parabel $N(x) = (x + 2)(x - 4)$ mit den Nullstellen $x = -2$ und $x = 4$, dann können Sie die Lösungsmenge L ablesen!

$L = \{x \mid x < -2 \vee 4 < x < 22\}$

Für die Ungleichung $\frac{4x^2 + 2x}{x^2 + 1} \leqq 3$ gilt $D = \mathbb{R}$, da der Nenner $x^2 + 1$ keine Nullstellen hat.

Aufgabe 16
S. 48

Wegen $x^2 + 1 > 0$ bleibt bei der Multiplikation der Ungleichung mit $x^2 + 1$ das Anordnungszeichen erhalten!

$4x^2 + 2x \leqq 3(x^2 + 1)$

$4x^2 + 2x \leqq 3x^2 + 3$

$x^2 + 2x - 3 \leqq 0$ bzw.: $(x + 3)(x - 1) \leqq 0$

Zeichnen Sie nun die nach oben geöffnete Parabel $y = x^2 + 2x - 3$ mit den Nullstellen $x = -3$ und $x = 1$ und lesen Sie die Lösungsmenge L ab.

$L = \{x \mid -3 \leqq x \leqq 1\}$

17.1: Die Ungleichung $\frac{11}{x-3} + 3 < x + \frac{5}{3-x}$ mit $D = \mathbb{R}\setminus\{3\}$ kann umgeformt werden in $\frac{x^2 - 6x - 7}{x - 3} > 0$ bzw. $\frac{(x + 1)(x - 7)}{x - 3} > 0$

Aufgabe 17
S. 55

Figur 43

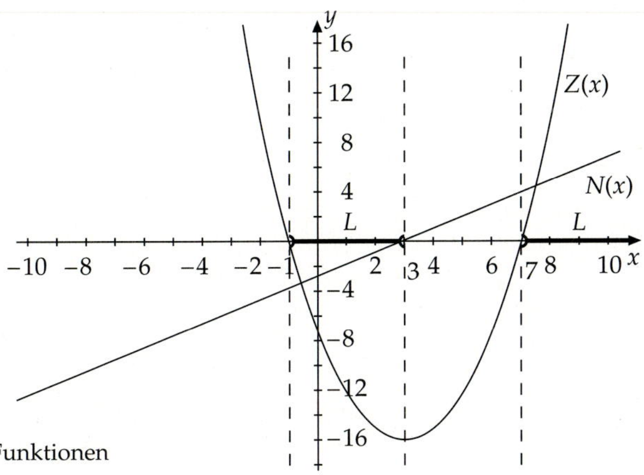

Dargestellte Funktionen
$Z(x) = x^2 - 6x - 7$
$N(x) = x - 3$

Aus der Figur 43 erhalten Sie die Lösungsmenge L.

$L = \{x \mid -1 < x < 3 \vee x > 7\}$

Aufgabe 17
S. 55

17.2: Die Ungleichung $\frac{3}{x+3} < \frac{2}{x+1}$ mit $D = \mathbb{R} \setminus \{-1; -3\}$ kann umgeformt werden in $\frac{x-3}{(x+3)(x+1)} < 0$

Figur 44

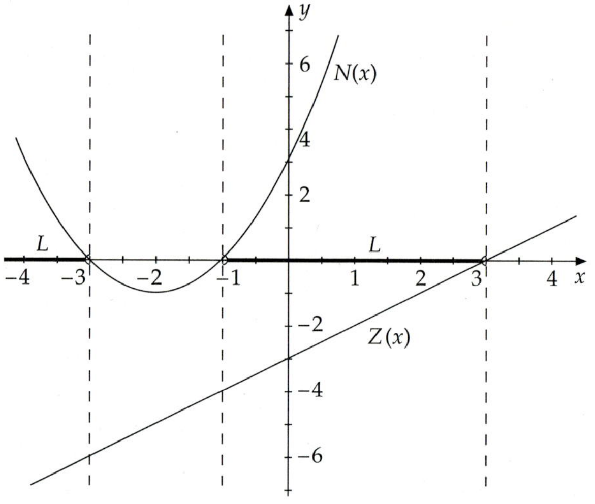

Dargestellte Funktionen
$N(x) = x^2 + 4x + 3$
$Z(x) = x - 3$

$L = \{x \mid x < -3 \vee -1 < x < 3\}$

17.3: Die Ungleichung mit $D = \mathbb{R} \setminus \{-1\}$ wird zunächst umgeformt:

$\frac{3x-1}{2(x+1)} + \frac{x-1}{3(x+1)} < \frac{7x-3}{4(x+1)}$ Hauptnenner: $2 \cdot 3 \cdot 4 \cdot (x+1)$

$$\frac{12(3x-1) + 8(x-1) - 6(7x-3)}{2 \cdot 3 \cdot 4 \cdot (x+1)} < 0$$

$$\frac{36x - 12 + 8x - 8 - 42x + 18}{24(x+1)} < 0$$

$\frac{2x-2}{24(x+1)} < 0$ bzw.: $\frac{2(x-1)}{24(x+1)} < 0$ oder: $\frac{(x-1)}{12(x+1)} < 0$

Multiplikation mit 12 liefert dann:

$$\frac{x-1}{x+1} < 0$$

Aufgabe 17
S. 55

Figur 45

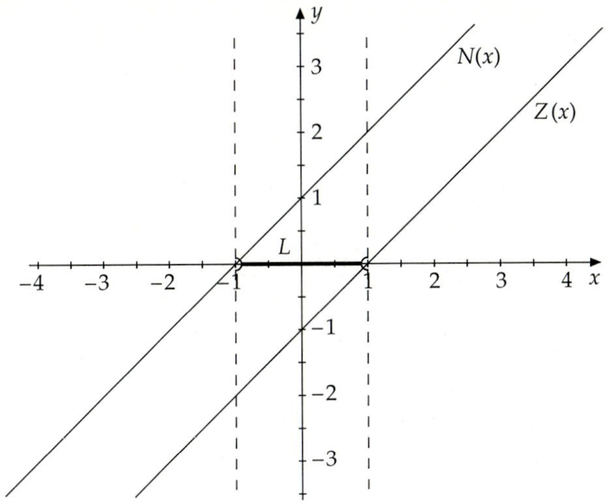

Dargestellte Funktionen

$N(x) = x + 1$

$Z(x) = x - 1$

$L = \{x \mid -1 < x < 1\}$

17.4: Wegen $x^2 - 4 = (x + 2)(x - 2)$ erhält man den Hauptnenner $2 \cdot 3 \cdot (x + 2)(x - 2)$ und die Ungleichung mit $D = \mathbb{R} \setminus \{-2; 2\}$ kann umgeformt werden:

$$\frac{2 \cdot (3x + 5)(x + 2) - 3 \cdot (x - 2)(2x - 1) - 6 \cdot (6x + 2)}{2 \cdot 3 \cdot (x + 2)(x - 2)} < 0$$

$$\frac{2 \cdot (3x^2 + 6x + 5x + 10) - 3 \cdot (2x^2 - x - 4x + 2) - 36x - 12}{6(x + 2)(x - 2)} < 0$$

$$\frac{6x^2 + 12x + 10x + 20 - 6x^2 + 3x + 12x - 6 - 36x - 12}{6(x + 2)(x - 2)} < 0$$

$$\frac{x + 2}{6(x + 2)(x - 2)} < 0 \quad \text{Ungleichung mit 6 malnehmen:}$$

$$\frac{x + 2}{(x + 2)(x - 2)} < 0$$

5

Aufgabe 17
S. 55

Figur 46

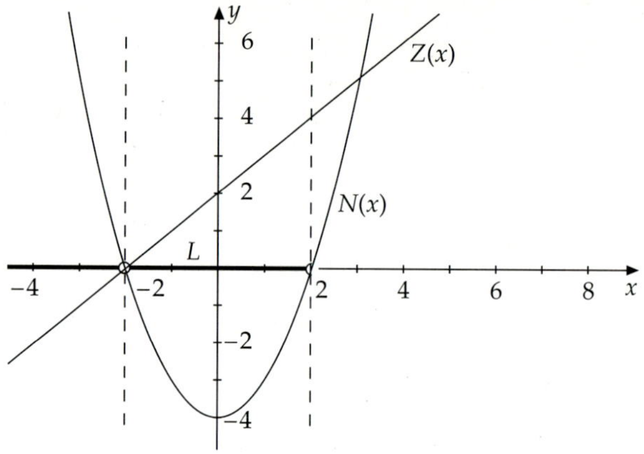

Dargestellte Funktionen
$Z(x) = x + 2$
$N(x) = x^2 - 4$

$L = \{x \mid x < 2 \wedge x \neq -2\}$

17.5: Es ist $D = \mathbb{R}$

Wird der Betrag nach dem Muster $|x| < 4$ gelöst, so ist:

$x^2 + x - 6 < 0 \qquad \wedge \quad x^2 + x + 2 > 0$

$(x - 2)(x + 3) < 0 \quad \wedge \quad x$ aus $\mathbb{R}$, da $x^2 + x + 2 = 0$ keine Nullstellen hat.

$L_1 = \{x \mid -3 < x < 2\} \quad L_2 = \mathbb{R}$

Da in der ersten Zeile die beiden Ungleichungen durch „und zugleich" verbunden sind, müssen wir jetzt die Einzellösungsmengen L_1 und L_2 schneiden, um die Lösungsmenge L zu erhalten!

Figur 47

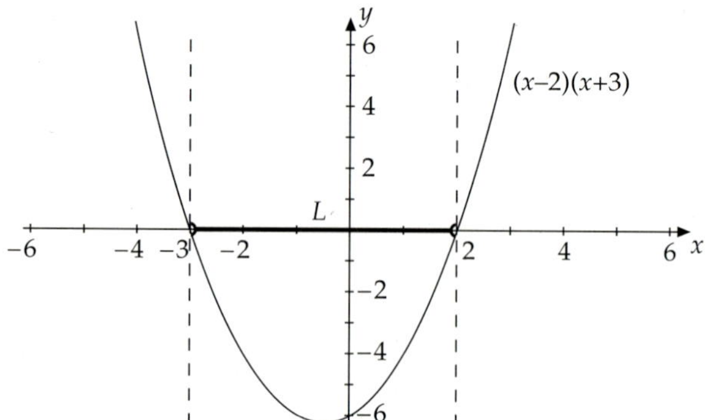

Dargestellte Funktionen
$f(x) = x^2 + x - 6$

$L = L_1 \cap L_2 = L_1$

Aufgabe 17
S. 55

17.6: Es ist $D = \mathbb{R}$

Wird der Betrag nach dem Muster $|x| > 5$ gelöst, so ist:

$x^2 - 2x - 8 > 0 \quad \vee \quad x^2 - 2x + 2 < 0;$ $\quad y = x^2 - 2x + 2$ ist eine nach oben geöffnete Parabel ohne Nullstellen!

$(x - 4)(x + 2) > 0$

$L_1 = \{x \mid x < -2 \ \vee \ x > 4\} \quad L_2 = \emptyset$ (leere Menge $\emptyset$)

Da die beiden Ungleichungen in der ersten Zeile durch „oder" verbunden sind, müssen wir jetzt die Einzellösungsmengen L_1 und L_2 vereinigen, um die Lösungsmenge L zu bekommen!

Figur 48

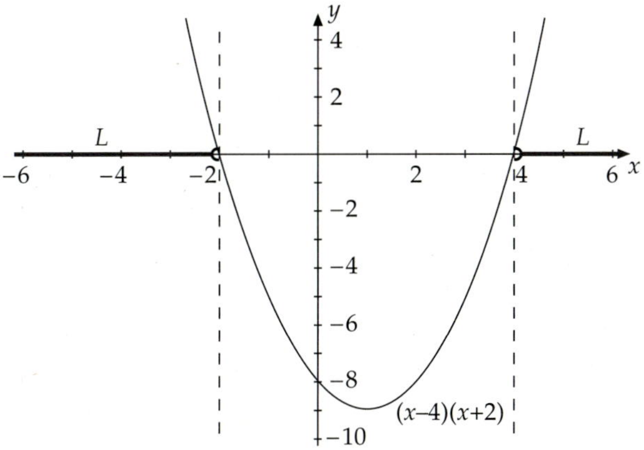

Dargestellte Funktionen

$f(x) = x^2 - 2x - 8$

$L = L_1 \cup L_2 = L_1$ (Zu L_1 kommt die leere Menge dazu!)

17.7: $D = \mathbb{R} \setminus \{-4\}$

Wir lösen den Betrag nach dem Muster $|x| > 6$ und erhalten:

$$\frac{x-1}{x+4} > 6 \quad \vee \quad \frac{x-1}{x+4} < -6$$

$$\frac{x-1-6(x+4)}{x+4} > 0 \quad \vee \quad \frac{x-1+6(x+4)}{x+4} < 0$$

$$\frac{-5x-25}{x+4} > 0 \quad \vee \quad \frac{7x+23}{x+4} < 0$$

$$\frac{-5(x+5)}{x+4} > 0 \quad \vee \quad \frac{7(x+23/7)}{x+4} < 0$$

Die linke Ungleichung wird durch -5 dividiert (**Anordnungszeichen umdrehen!!**); die rechte Ungleichung dividieren wir durch 7:

Aufgabe 17
S. 55

$$\frac{x+5}{x+4}<0 \quad \vee \quad \frac{x+23/7}{x+4}<0$$

$$L_1 = \{x \mid -5 < x < -4\} \quad L_2 = \left\{x \mid -4 < x < -\frac{23}{7}\right\}$$

Figur 49

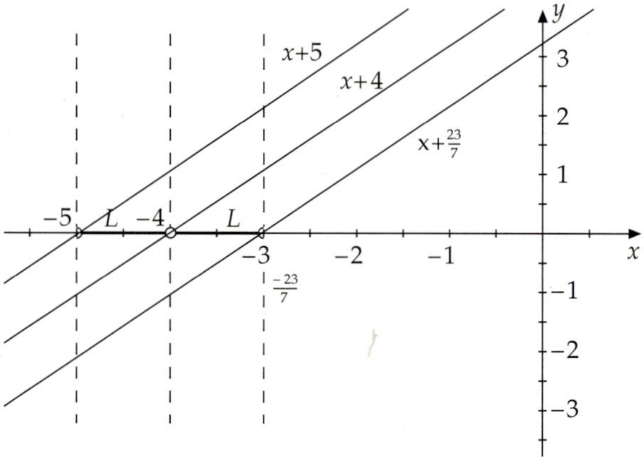

Da die Ungleichungen in der ersten Zeile durch „oder" verbunden sind, müssen wir jetzt die Einzellösungsmengen L_1 und L_2 vereinigen, um die Lösungsmenge L der gegebenen Ungleichung zu bekommen!

$$L = L_1 \cup L_2 = \left\{x \,\middle|\, -5 < x < -\frac{23}{7} \;\wedge\; x \neq -4\right\}$$

17.8: $D = \mathbb{R}\setminus\{2\}$

Wird der Betrag nach dem Muster $|\ast| < 3$ gelöst, so gilt:

$$\frac{x+3}{x-2}<3 \quad \wedge \quad \frac{x+3}{x-2}>-3$$

$$\frac{x+3-3(x-2)}{x-2}<0 \quad \wedge \quad \frac{x+3+3(x-2)}{x-2}>0$$

$$\frac{x+3-3x+6}{x-2}<0 \quad \wedge \quad \frac{x+3+3x-6}{x-2}>0$$

$$\frac{-2x+9}{x-2}<0 \quad \wedge \quad \frac{4x-3}{x-2}>0$$

$$\frac{-2(x-4{,}5)}{x-2}<0 \quad \wedge \quad \frac{4(x-0{,}75)}{x-2}>0$$

5

Wir dividieren nun die linke Ungleichung durch – 2 (**Anordnungszeichen umdrehen!!**) und die rechte Ungleichung durch 4:

Aufgabe 17
S. 55

$$\frac{x-4{,}5}{x-2} > 0 \quad \wedge \quad \frac{x-0{,}75}{x-2} > 0$$

$L_1 = \{x \mid x < 2 \vee x > 4{,}5\}$ $L_2 = \{x \mid x < 0{,}75 \vee x > 2\}$

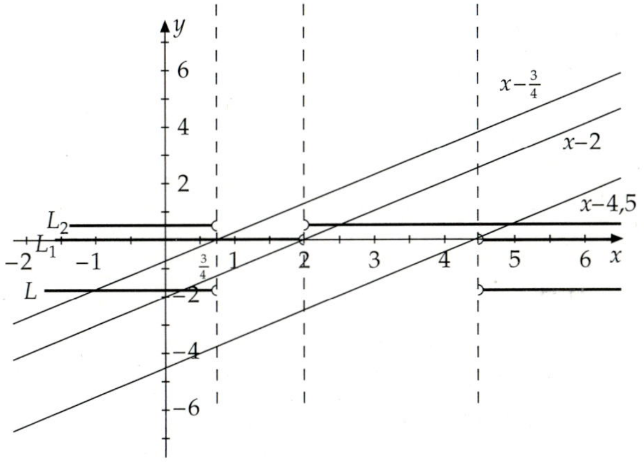

Figur 50

Da die beiden Ungleichungen in der ersten Zeile durch „und zugleich" verbunden sind, müssen wir jetzt die Einzellösungsmengen L_1 und L_2 schneiden, um die Lösungsmenge L zu erhalten:

$L = L_1 \cap L_2 = \{x \mid x < 0{,}75 \vee x > 4{,}5\}$

$D = \mathbb{R} \setminus \{-1; 1\}$

Aufgabe 18
S. 55

18.1: Wir lösen zunächst den Betrag im Zähler:

$$f(x) = \begin{cases} \dfrac{x^2-1}{|x|-1} & \text{für } x^2-1>0; \quad x^2>1; \quad x<-1 \vee x>1 \\[2ex] \dfrac{-x^2+1}{|x|-1} & \text{für } x^2-1<0; \quad x^2<1; \quad -1<x<1 \end{cases}$$

Aufgabe 18
S. 55

Nun lösen wir den Betrag im Nenner:

$$f(x) = \begin{cases} \dfrac{x^2-1}{x-1} & \text{für } x \geqq 0 \ \wedge \ (x < -1 \vee x > 1) \\[2ex] \dfrac{x^2-1}{-x-1} & \text{für } x < 0 \ \wedge \ (x < -1 \vee x > 1) \\[2ex] \dfrac{-x^2+1}{x-1} & \text{für } x \geqq 0 \ \wedge \ (-1 < x < 1) \\[2ex] \dfrac{-x^2+1}{-x-1} & \text{für } x < 0 \ \wedge \ (-1 < x < 1) \end{cases}$$

5

Mit $x^2 - 1 = (x+1)(x-1)$ und Vereinfachung der Zusätze erhalten wir dann:

$$f(x) = \begin{cases} x+1 & \text{für } x > 1 \\ -x+1 & \text{für } x < -1 \\ -x-1 & \text{für } 0 \leqq x < 1 \\ x-1 & \text{für } -1 < x < 0 \end{cases}$$

18.2: Der Verlauf des Graphen von $f(x)$ ist in der Figur 51 zu sehen.

Figur 51

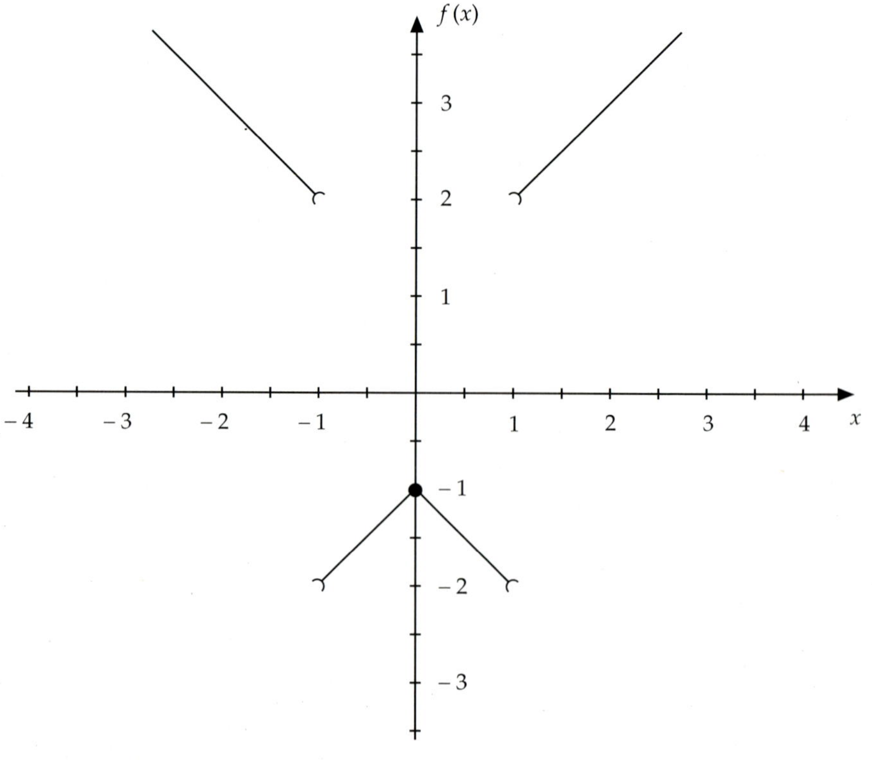

$a_n = \frac{3-n}{2n-1} = \frac{-n+3}{2n-1}$; n aus $\mathbb{N}$

Aufgabe 19
S. 64

19.1: Monotonie

$$a_{n+1} - a_n = \frac{-(n+1)+3}{2(n+1)-1} - \frac{-n+3}{2n-1} = \frac{-n+2}{2n+1} - \frac{-n+3}{2n-1}$$

$$= \frac{(-n+2)(2n-1) - (-n+3)(2n+1)}{(2n+1)(2n-1)}$$

$$= \frac{-2n^2+n+4n-2+2n^2+n-6n-3}{(2n+1)(2n-1)} = \frac{-5}{(2n+1)(2n-1)}$$

$$= \frac{-5}{4n^2-1} < 0; \quad \text{Zähler} = -5 < 0$$
$$\text{Nenner} = 4n^2 - 1 \geqq 3$$

Aus $a_{n+1} - a_n < 0$ folgt: $a_{n+1} < a_n$ für alle n aus $\mathbb{N}$.
Die Folge (a_n) ist daher streng monoton fallend.

19.2: Grenzwert

$$\lim_{n\to\infty} a_n = \lim_{n\to\infty} \frac{-n+3}{2n-1} = \lim_{n\to\infty} \frac{n\cdot\left(-1+\frac{3}{n}\right)}{n\cdot\left(2-\frac{1}{n}\right)} = -\frac{1}{2} = a$$

Beachten Sie nach dem Kürzen von n, dass $\frac{3}{n}$ und $\frac{1}{n}$ für $n \to \infty$ jeweils Nullfolgen sind.

19.3: Beschränktheit der Folge (a_n) S. 65

Da die Folge (a_n) streng monoton fallend ist, ist $a_1 = 2$ das größte Glied der Folge. Damit ergibt sich die kleinste obere Schranke zu $S = 2$.

Aus (a_n) ist streng monoton fallend und $\lim_{n\to\infty} a_n = -\frac{1}{2}$ ergibt sich die größte untere Schranke zu $s = -\frac{1}{2}$.

19.4: Für die Folge (b_n) gilt: $b_n = a_n - a = \frac{5}{4n-2}$ (mit $a = \frac{1}{2}$)

Die Folge (b_n) ist dann eine Nullfolge, wenn $|b_n| < \varepsilon$ für $n > n_0$ gezeigt werden kann.

$$\left|\frac{5}{4n-2}\right| < \varepsilon \quad \text{für } n > n_0$$

Aufgabe 19
S. 65

Da der Inhalt zwischen den Betragsstrichen stets positiv ist, entfallen die Betragsstriche, und wir erhalten:

$$\frac{5}{4n-2} < \varepsilon \quad | \cdot (4n-2) > 0$$

$$5 < \varepsilon \cdot (4n-2)$$

$$5 < 4n\varepsilon - 2 \cdot \varepsilon$$

$$n > \frac{5 + 2 \cdot \varepsilon}{4 \cdot \varepsilon}$$

6

19.5: $\varepsilon = 2{,}5 \cdot 10^{-5}$ liefert: $n > 50\,000{,}5$

Indexschwelle $n_0 = 50\,000$.

Aufgabe 20
S. 65

$$a_n = \frac{4n}{3n-2}; \quad n \text{ aus } \mathbb{N}$$

20.1: Monotonie

$$a_{n+1} - a_n = \frac{4(n+1)}{3(n+1)-2} - \frac{4n}{3n-2}$$

$$= \frac{4n+4}{3n+1} - \frac{4n}{3n-2} = \frac{(4n+4)(3n-2) - 4n(3n+1)}{(3n+1)(3n-2)}$$

$$= \frac{12n^2 - 8n + 12n - 8 - 12n^2 - 4n}{(3n+1)(3n-2)} = \frac{-8}{(3n+1)(3n-2)} < 0$$

Aus $a_{n+1} - a_n < 0$ folgt: $a_{n+1} < a_n$ für alle n aus $\mathbb{N}$. Die Folge (a_n) ist daher streng monoton fallend.

20.2: Grenzwert

$$\lim_{n \to \infty} a_n = \lim_{n \to \infty} \frac{4n}{3n-2} = \lim_{n \to \infty} \frac{n \cdot (4)}{n \cdot \left(3 - \frac{2}{n}\right)} = \frac{4}{3}$$

20.3: Für das allgemeine Glied b_n der Nullfolge (b_n) gilt:

$$b_n = a_n - k = a_n - \frac{4}{3} = \frac{4n}{3n-2} - \frac{4}{3} = \frac{4n \cdot 3 - 4(3n-2)}{(3n-2) \cdot 3}$$

$$= \frac{12n - 12n + 8}{3 \cdot (3n-2)} = \frac{8}{3 \cdot (3n-2)}$$

20.4: Indexschwelle berechnen

Aufgabe 20
S. 65

$$\left|\frac{8}{3\cdot(3n-2)}\right| < 10^{-4} \text{ für } n > n_0$$

Wegen $3\cdot(3n-2) = 9n-6 > 0$ entfallen die Betragsstriche:

$$\frac{8}{9n-6} < 10^{-4} \quad | \cdot (9n-6) > 0$$

$$8 < 10^{-4}\cdot(9n-6) \quad | \cdot 10^4$$

$$80000 < 9n-6$$

$$n > 8889{,}5; \text{ Indexschwelle } n_0 = 8889$$

Aufgabe 21
S. 65

$$c_n = \frac{3n - n\cdot(-1)^n}{4n+2} \quad \text{mit } n \text{ aus } \mathbb{N}$$

Gerade Platzziffern: $c_{2n} = \dfrac{6n-2n}{8n+2} = \dfrac{4n}{8n+2} \to \dfrac{1}{2}$ für $n \to \infty$

Ungerade Platzziffern: $c_{2n-1} = \dfrac{3(2n-1)+(2n-1)}{4(2n-1)+2} = \dfrac{8n-4}{8n-2} \to 1$ für $n \to \infty$

Die Folge (c_n) kann keine konvergente Folge sein, da der Grenzwert konvergenter Zahlenfolgen eindeutig bestimmt ist.

Lösungen Kap. 7

22.1: Die Scheitelgleichung einer Parabel lautet

Aufgabe 22
S. 94

$y - y_0 = m\cdot(x-x_0)^2$ und liefert $S(x_0; y_0)$ als Scheitel.

Mit $x = f_k(x)$ erhalten wir:

$y = kx^2 - x - 5; \quad k > 0; x$ aus $\mathbb{R}$.

$$y = k\cdot\left[x^2 - \frac{1}{k}x + \left(\frac{1}{2k}\right)^2 - \frac{5}{k} - \frac{1}{4k^2}\right]$$

$$y = k\cdot\left[\left(x-\frac{1}{2k}\right)^2 - \frac{1+20k}{4k^2}\right]$$

$$y = k\cdot\left(x-\frac{1}{2k}\right)^2 - \frac{1+20k}{4k}$$

Aufgabe 22
S. 94

$$y + \frac{1+20k}{4k} = k \cdot \left(x - \frac{1}{2k}\right)^2 \quad \text{Scheitelgleichung}$$

$$x_S = \frac{1}{2k} > 0, \quad \text{da } k > 0 \qquad S\left(\frac{1}{2k}; -\frac{1+20k}{4k}\right)$$

$$y_S = -\frac{1+20k}{4k} < 0, \quad \text{da } k > 0.$$

22.2: Wenn $x = -1$ eine Nullstelle von f_{k0} ist, dann gilt:

7

$f_{k0}(-1) = 0$ bzw.: $k_0(-1)^2 - (-1) - 5 = 0$

$k_0 = 4$

$f_4(x) = 4x^2 - x - 5;$

die zweite Nullstelle tritt als Lösung der Gleichung $f_4(x) = 0$ auf.

$4x^2 - x - 5 = 0$ hat die Lösungen $x = \frac{5}{4} \vee x = -1$

Die zweite Nullstelle von f_4 lautet damit $x = \frac{5}{4}$.
Der Term $f_4(x)$ lässt sich auch als Produkt aus Linearfaktoren angeben:

$$f_4(x) = 4 \cdot (x - \tfrac{5}{4}) \cdot (x + 1)$$

Der Graph von f_4 ist eine nach oben geöffnete Parabel mit dem Scheitel $S(\frac{1}{8}; -\frac{81}{16})$.

Wertemenge = $\{f_4(x) \mid f_4(x) \geqq -\frac{81}{16}\}$

Aufgabe 23
S. 106

$f(x) = \frac{1}{3} \cdot (x^4 - 8x^2 + 7)$

$f(x) = 0$ liefert: $x^4 - 8x^2 + 7 = 0$

Substitution: $x^2 = u$

$u^2 - 8u + 7 = 0;\ u = 7$ oder $u = 1$

$x^2 = 7$ oder $x^2 = 1$

$|x| = \sqrt{7}$ oder $|x| = 1$

$x = \sqrt{7}$ oder $x = -\sqrt{7}$ oder $x = 1$ oder $x = -1.$

$f(x) = \frac{1}{3} \cdot (x - \sqrt{7})(x + \sqrt{7})(x - 1)(x + 1)$

Aufgabe 24
S. 106

$f(x) = x^3 - x^2 - 4x + 4;$ durch Probieren: $f(1) = 0$

$f(x) = (x - 1)\, g(x)$

$g(x)$ erhalten Sie aus der Polynomdivision $f(x) : (x - 1) = x^2 - 4$

$g(x) = x^2 - 4 = (x + 2)(x - 2)$

$f(x) = (x - 1)(x + 2)(x - 2).$

$f(x) = x^2 - |x| - 6; \quad D_f = \mathbb{R}$

Aufgabe 25
S. 106

1. Fall: Für $x \geqq 0$ ist $|x| = x$

$f(x) = x^2 - x - 6 \quad$ für $\quad x \geqq 0$

$f(x) = 0$ liefert: $\quad x^2 - x - 6 = 0$ und $x \geqq 0$

$x = 3$ oder $x = -2$ und $x \geqq 0; \quad L_1 = \{3\}$

2. Fall: Für $x < 0$ ist $|x| = -x$

$f(x) = x^2 + x - 6 \quad$ für $x < 0$

$f(x) = 0$ liefert: $\quad x^2 + x - 6 = 0 \quad$ und $\quad x < 0$

$x = 2 \quad$ oder $\quad x = -3 \quad$ und $\quad x < 0; \quad L_2 = \{-3\}$

$L_g = L_1 \cup L_2 = \{-3; 3\}$

Die Funktion f hat in $\mathbb{R}$ die Nullstellen

$x = -3$ oder $x = 3$.

7

$f_a(x) = x^3 - (a+1)\,x^2 + 2ax - a; \quad a$ aus $\mathbb{R}; \quad D_{f_a} = \mathbb{R}$

Aufgabe 26
S. 106

Faktorzerlegung von $f_a(x)$:

Durch Probieren findet man die Nullstelle $x = 1$.

$f_a(1) = 1 - (a+1) \cdot 1 + 2a - a = 1 - a - 1 + a = 0$

$f_a(x) = (x-1) \cdot g(x)$

$g(x)$ folgt aus der Polynomdivision $f_a(x) : (x-1) = g(x)$

$g(x) = x^2 - ax + a$

$f_a(x) = (x-1) \cdot (x^2 - ax + a)$

26.1: Wenn f_a genau drei Schnittstellen mit der x-Achse hat, dann muss $x^2 - ax + a = 0$ zwei verschiedene Lösungen haben, von denen keine mit $x = 1$ übereinstimmt.

$x^2 - ax + a = 0; \quad$ Diskriminante $D = a^2 - 4a = a \cdot (a-4)$

Aus der Bedingung $D > 0$ folgt: $a \cdot (a-4) > 0$

$a > 0 \wedge a - 4 > 0 \quad$ oder $\quad a < 0 \wedge a - 4 < 0$

$a > 0 \wedge \quad a > 4 \quad$ oder $\quad a < 0 \wedge \quad a < 4$

$a > 4 \quad$ oder $\quad a < 0$

Für a aus $\{a \mid a < 0 \vee a > 4\}$ hat f_a genau drei verschiedene Nullstellen. Nehmen wir an, dass eine der Nullstellen von $x^2 - ax + a = 0$ mit $x = 1$ übereinstimmt, dann muss gelten:

$\dfrac{a \pm \sqrt{a^2 - 4a}}{2} = 1; \quad \pm\sqrt{a^2 - 4a} = 2 - a$. Durch Quadrieren folgt:

$a^2 - 4a = 4 - 4a + a^2; \quad 0 = 4$ Widerspruch.

Wenn f_a eine Schnittstelle und eine Berührstelle hat, dann muss $D = a \cdot (a-4) = 0$ sein, also $a = 0$ oder $a = 4$.

Aufgabe 26
S. 106

Fall $a = 0$

$f_0(x) = x^3 - x^2 = x^2 \cdot (x - 1)$

$x = 1$ ist eine Schnittstelle (Nullstelle ungerader Ordnung)
$x = 0$ ist eine Berührstelle (Nullstelle gerader Ordnung)

Fall $a = 4$

$f_4(x) = x^3 - 5x^2 + 8x - 4$

$f_4(x) = (x - 1) \cdot (x^2 - 4x + 4) = (x - 1) \cdot (x - 2)^2$

$x = 1$ ist eine Schnittstelle
$x = 2$ ist eine Berührstelle

Wenn f_a genau eine Schnittstelle hat, dann muss $D = a \cdot (a - 4) < 0$ sein.

$a < 0 \wedge a - 4 > 0$ oder $a > 0 \wedge a - 4 < 0$

$a < 0 \wedge \quad a > 4$ oder $a > 0 \wedge \quad a < 4$

$\emptyset$ oder $0 < a < 4$

Für a aus $\{a \mid 0 < a < 4\}$ hat $x^2 - ax + a = 0$ keine Nullstellen.
$f_a(x) = (x - 1) \cdot (x^2 - ax + a)$ hat dann genau die Schnittstelle $x = 1$.

26.2: Aus den Fallunterscheidungen folgt, dass $x = 1$ niemals Lösung von $x^2 - ax + a = 0$ sein kann.

Aufgabe 27
S. 106

27.1: $f(x) = (x - 1)(x + 1)(x - 5)$

27.2: $f(x) = x \cdot (x + 1)(x - 3)$

27.3: $f(x) = (x + 1)^3$

27.4: $f(x) = x \cdot (x - 2)^3$

27.5: $f(x) = -x^3 + 6x^2 - 12x + 9 = -(x - 3)(x^2 - 3x + 3)$

27.6: $f(x) = -\frac{1}{6} \cdot (x^3 - 6x^2 + 32) = -\frac{1}{6} \cdot (x + 2)(x - 4)^2$

Lösungen Kap. 8

Aufgabe 28
S. 124

$$f\colon\ x \to f(x) = \begin{cases} \sqrt{x} & \text{für } x \geqq 0 \\ \sqrt{-x} & \text{für } x < 0 \end{cases}$$

28.1: Stetigkeit von f an der Stelle $x_0 = 0$

Zu zeigen ist: $\lim\limits_{h \to 0} f(0 + h) = f(0) = \lim\limits_{h \to 0} f(0 - h)$

Für $x \geqq 0$ gilt: $\lim\limits_{h \to 0} f(0 + h) = f(0) = \sqrt{0} = 0$

Für $x < 0$ gilt: $\lim\limits_{h \to 0} f(0 - h) = \lim\limits_{h \to 0} \sqrt{-(0 - h)} = \lim\limits_{h \to 0} \sqrt{h} = 0$

Die Funktion f ist daher an der Stelle $x_0 = 0$ stetig.

28.2: Stetigkeit von f für $x_0 > 0$ *Aufgabe 28 S. 124*

a) $f(x_0) = \sqrt{x_0}$

b) $\lim\limits_{h \to 0} f(x_0 + h) = \lim\limits_{h \to 0} \sqrt{x_0 + h} = \sqrt{x_0}$

c) $\lim\limits_{h \to 0} f(x_0 - h) = \lim\limits_{h \to 0} \sqrt{x_0 - h} = \sqrt{x_0}$

28.3: Stetigkeit von f an der Stelle $x_0 < 0$

a) $f(x_0) = \sqrt{-x_0}$ Beachten Sie: $-x_0 > 0$, da $x_0 < 0$

b) $\lim\limits_{h \to 0} f(x_0 + h) = \lim\limits_{h \to 0} \sqrt{-(x_0 + h)} = \sqrt{-x_0}$

c) $\lim\limits_{h \to 0} f(x_0 - h) = \lim\limits_{h \to 0} \sqrt{-(x_0 - h)} = \sqrt{-x_0}$

Die Funktion f ist also in ganz $\mathbb{R}$ stetig.

Aufgabe 29 S. 124

$$f_k(x) = \begin{cases} x^3 - x^2 - x + 1 & \text{für } x < 2 \\ -\frac{1}{4}kx^2 + \frac{1}{2}(k^2 + 1)x & \text{für } x \geqq 2;\ k > 0 \end{cases}$$

Zu zeigen ist:

$$\lim_{h \to 0} f_k(2 + h) = f_k(2) = \lim_{h \to 0} f_k(2 - h)$$

Es gilt:

$$\lim_{h \to 0} f_k(2 + h) = f_k(2) = -\tfrac{1}{4}k \cdot 4 + \tfrac{1}{2}(k^2 + 1) \cdot 2$$
$$= -k + k^2 + 1 = k^2 - k + 1$$

$$\lim_{h \to 0} f_k(2 - h) = \lim_{h \to 0} [(2 - h)^3 - (2 - h)^2 - (2 - h) + 1]$$
$$= \lim_{h \to 0} [8 - 12h + 6h^2 - h^3 - 4 + 4h - h^2 - 2 + h + 1]$$
$$= \lim_{h \to 0} (-h^3 + 5h^2 - 7h + 3) = 3$$

$\lim\limits_{h \to 0} f_k(2 - h) = f_k(2)$ liefert nun die Gleichung:

$k^2 - k + 1 = 3$ bzw. $k^2 - k - 2 = 0$ mit den Lösungen $k = 2$ oder $k = -1$ und $k > 0$, also: $k = 2$

Ergebnis:

Die Funktion f_2 ist an der Stelle $x = 2$ und damit auch in ganz $\mathbb{R}$ stetig.

Aufgabe 30 S. 125

Für $x \leqq -3$ gilt $|x| = -x$

$$f_a(x) = \begin{cases} 2x & \text{für } x \leqq -3 \\ -ax & \text{für } x > -3 \end{cases}$$

Es gilt: $\lim\limits_{h \to 0} f_a(-3-h) = f_a(-3) = 2 \cdot (-3) = -6$

$\lim\limits_{h \to 0} f_a(-3+h) = \lim\limits_{h \to 0} (-a \cdot (-3+h)) = 3a$

Aus $3a = -6$ folgt: $a = -2$

Die Funktion f_{-2} ist bei $x = -3$ und damit auch in ganz $\mathbb{R}$ stetig.

8

Aufgabe 31 S. 125

$$g_k(x) = \begin{cases} -x^2 + kx - 1 & \text{für } x \leqq -1 \\ -\frac{2}{3}(x^3 - 2) & \text{für } x > -1 \end{cases}$$

Es gilt: $\lim\limits_{h \to 0} g_k(-1-h) = g_k(-1) = -1 - k - 1 = -k - 2$

$\lim\limits_{h \to 0} g_k(-1+h) = \lim\limits_{h \to 0} -\frac{2}{3} \cdot ((-1+h)^3 - 2) = -\frac{2}{3} \cdot (-3) = 2$

Aus $\lim\limits_{h \to 0} g_k(-1+h) = g_k(-1)$ folgt die Gleichung:

$-k - 2 = 2$, also: $k = -4$.

Die Funktion g_{-4} ist an der Stelle $x = -1$ und damit auch in ganz $\mathbb{R}$ stetig.

Aufgabe 32 S. 125

Durch Auflösen des Betrages in Teilintervallen folgt:

$$f(x) = \begin{cases} x^2 + 8x + 18 & \text{für } x \leqq -4 \\ -\frac{1}{2}x & \text{für } -4 < x \leqq 0 \\ \frac{1}{2}x & \text{für } x > 0 \end{cases}$$

In den Bereichen $x < -4$, $-4 < x < 0$ und $x > 0$ ist die Funktion f jeweils stetig, da dort f durch ganzrationale Terme erklärt ist. Nachzuweisen ist die Stetigkeit von f bei $x = -4$ und $x = 0$.

Stetigkeit von f bei $x = -4$

Es gilt: $\lim\limits_{h \to 0} f(-4-h) = f(-4) = 16 - 32 + 18 = 2$

$\lim\limits_{h \to 0} f(-4+h) = \lim\limits_{h \to 0} -\frac{1}{2}(-4+h) = 2$

Stetigkeit von f bei $x = 0$

Es gilt: $\lim\limits_{h \to 0} f(0-h) = f(0) = -\frac{1}{2} \cdot 0 = 0$

$\lim\limits_{h \to 0} f(0+h) = \lim\limits_{h \to 0} \frac{1}{2}(0+h) = 0$

Die Funktion f ist daher in ganz $\mathbb{R}$ stetig.

$$f(x) = \frac{-x^3 + 3x^2}{x^2 - 4x + 4}; \quad D_f = D_{f(x)}$$

Aufgabe 33
S. 150

33.1: Faktorzerlegung von $f(x)$ und D_f

$$f(x) = \frac{-x^2 \cdot (x-3)}{(x-2)^2}; \quad D_f = \mathbb{R} \setminus \{2\}$$

33.2:

$x = 0$ Nullstelle gerader Ordnung (Berührstelle)

$x = 3$ Nullstelle ungerader Ordnung (Schnittstelle)

$x = 2$ Pol gerader Ordnung (ohne Zeichenwechsel)

Diese Funktion f hat keine stetig behebbaren Definitionslücken.

33.3: Der Graph von f muss eine schiefe Asymptote haben, da der Grad des Zählerpolynoms um genau 1 größer ist als der Grad des Nennerpolynoms. Die Polynomdivision $Z(x) : N(x)$ hat dann die Form:

$Z(x) : N(x) = ax + b + r(x)$ mit $a \neq 0$ und liefert in $y = ax + b$ die Gleichung der schiefen Asymptote.

$$Z(x) : N(x) = (-x^3 + 3x^2) : (x^2 - 4x + 4) = -x - 1 + \frac{4}{(x-2)^2}$$

Gleichungen aller Asymptoten:

$y = -x - 1$, schiefe Asymptote

$x = 2$ und y aus $\mathbb{R}$, senkrechte Polasymptote.

33.4: Wenn der Graph von f ganz auf der einen Seite der schiefen Asymptote y gelegen ist, dann muss $f(x) - y$ einheitliches Vorzeichen haben.

$$f(x) - y = -x - 1 + \frac{4}{(x-2)^2} - (-x - 1) = \frac{4}{(x-2)^2} > 0$$

$f(x) - y > 0$ für x aus $\mathbb{R} \setminus \{2\}$ bzw. $f(x) > y$ liefert dann die Begründung für die Behauptung, dass der Graph von f immer oberhalb der schiefen Asymptote y gelegen ist.

$$f_a(x) = \frac{x^3 + 6x^2 + ax}{(x+2)^2}; \quad D_{f_a} = \mathbb{R} \setminus \{-2\}; a \text{ aus } \mathbb{R}$$

Aufgabe 34
S. 150

34.1: Beachten Sie, dass nur durch $(x + 2)$ geteilt wird!

$$(x^3 + 6x^2 + ax) : (x + 2) = x^2 + 4x + (a - 8) - \frac{2 \cdot (a - 8)}{(x + 2)}$$

Aufgabe 34
S. 150

Ergebnis: Für $a = a_0 = 8$ wird das Restglied null und der Zähler ist dann ohne Rest durch $(x + 2)$ teilbar.

$$f_8(x) = \frac{x^3 + 6x^2 + 8x}{(x+2)^2} = \frac{x \cdot (x+2)(x+4)}{(x+2)^2}; \quad D_{f_8} = \mathbb{R} \setminus \{-2\}$$

34.2: Art der Definitionslücken

Für $a = 8$ kann der Faktor $(x + 2)$ einmal gekürzt werden und bleibt im Nenner mit der Hochzahl 1 stehen.

Die gekürzte Darstellung von f_8 lautet:

9

$$f_8(x) = \frac{x \cdot (x+4)}{(x+2)}$$

Die Stelle $x = -2$ ist in diesem Fall eine Polstelle ungerader Ordnung (Pol mit Zeichenwechsel)

Für $a \neq 8$, also für a aus $\mathbb{R} \setminus \{8\}$, enthält der Zähler den Faktor $(x + 2)$ nicht und es kann nicht gekürzt werden. In diesen Fällen ist die Stelle $x = -2$ eine Polstelle gerader Ordnung (Pol ohne Zeichenwechsel)

34.3: Nachweis der schiefen Asymptote

Die Graphen der Funktionen f_a haben für alle a aus $\mathbb{R}$ jeweils eine schiefe Asymptote, da der Grad des Zählerpolynoms immer um genau 1 größer ist als der Grad des Nennerpolynoms. (Dies gilt auch im Falle $a = 8$!)

$$f_a(x) = x + 2 + \frac{(a-12)\,x - 8}{(x+2)^2} \qquad \text{Restglieddarstellung}$$

$y = x + 2$ schiefe Asymptote von G_{fa}

34.4: Schnitt des Graphen mit der schiefen Asymptote

Der Graph von f_a hat mit der schiefen Asymptote $y = x + 2$ genau dann einen Punkt S gemeinsam, wenn das Restglied $r(x)$ in D_{fa} genau eine Nullstelle hat.

$r(x) = 0$ liefert: $(a - 12)\,x - 8 = 0$ und zugleich $x \neq -2$

$$x = \frac{8}{a-12} \neq -2, \quad \text{da } x \text{ aus } D_{fa}$$

1. Es muss $a \neq 12$ gefordert werden, damit der Bruch definiert ist.
2. Der Fall $x = \dfrac{8}{a-12} = -2$ liefert: $a = 8$

Ergebnis:

Für a aus $\mathbb{R} \setminus \{8;\ 12\}$ hat das Restglied $r(x)$ genau eine Nullstelle in D_{fa}. Die schiefe Asymptote y hat dann mit dem Graphen von f_a genau einen Punkt S gemeinsam.

Wichtiger Hinweis:

Aufgabe 34
S. 150

Setzen Sie den Wert $x = \frac{8}{a-12}$ *nicht in den Funktionsterm* $f_a(x)$ ein, um die Ordinate des Punktes S zu berechnen.

Da der Punkt S auch auf der schiefen Asymptote $y = x + 2$ liegt, setzen wir die Stelle x hier ein!

$$y = \frac{8}{a-12} + 2 = \frac{8 + 2a - 24}{a-12} = \frac{2a-16}{a-12}$$

$$S\left(\frac{8}{a-12};\ \frac{2a-16}{a-12}\right)$$

9

Bezeichnungen; logische Zeichen

Bezeichnungen

$\mathbb{N}$	Menge der natürlichen Zahlen
$\mathbb{Z}$	Menge der ganzen Zahlen
$\mathbb{Q}$	Menge der rationalenZahlen (Menge aller Brüche, Quotienten)
$\mathbb{R}$	Menge der reellen Zahlen
$[a; b]$	beidseitig abgeschlossenes Intervall $\{x \mid a \leqq x \leqq b\}$
$[a; b[$	halboffenes Intervall $\{x \mid a \leqq x < b\}$
$a * b$	a verknüpft mit b
a'	inverses Element zu a
$\lvert x \rvert$	Betrag der reellen Zahl x
$[x]$	GAUSSklammer
$\operatorname{sgn} x$	Signum von x (Vorzeichen)
$\lvert T(x) \rvert$	Betrag des Terms $T(x)$
(a_n)	Zahlenfolge mit dem allgemeinen Glied a_n und $n \in \mathbb{N}$
$\mathbb{N} \to \mathbb{R}$	Die Menge $\mathbb{N}$ wird abgebildet in die Menge $\mathbb{R}$
$\lim\limits_{n \to \infty} a_n$	Grenzwert von a_n für $n \to \infty$
$\lim\limits_{x \to x_0 + 0} f(x)$	rechtsseitiger Grenzwert der Funktionswerte $f(x)$
$f = g$	Gleichheit der Funktionen f und g
$f \circ g$	Verkettung von g mit f (f folgt auf g)
f_k	Funktionenschar mit Scharparameter
$f(x)$	i) Funktionsterm ii) Funktionswert an der Stelle x
$r(x)$	Restglied bei gebrochenrationalen Funktionen
f^{-1}	Umkehrfunktion zur Funktion f
D_f	Definitionsmenge der Funktion f
W_f	Wertemenge der Funktion f
$D_f = D_{f(x)}$	Die in $\mathbb{R}$ maximal mögliche Definitionsmenge $D_{f(x)}$ des Terms $f(x)$ soll als Definitionsmenge der Funktion f genommen werden
$(x_0; f(x_0))$	Punkt des Graphen von f
Grad Z	Grad des Zählerpolynoms
Grad N	Grad des Nennerpolynoms (jeweils die größte auftretende Hochzahl bei der Variablen x)

Logische Zeichen

Sind A, B Aussagen oder Aussageformen, so ist:

$A \wedge B$	sowohl A als auch B, A und B
$A \vee B$	A oder B oder beide
$A \Rightarrow B$	aus A folgt B (Implikation)
$A \Leftrightarrow B$	aus A folgt B und umgekehrt (Äquivalenz)

A

B

D

E

F

G

H

I

K

L